Helge Sobik

Lesereise Mallorca

Helge Sobik

Lesereise Mallorca

Miró und der Mann mit der Mandarinenkiste

Picus Verlag Wien

Grafische Gestaltung: Dorothea Löcker, Wien
Umschlagabbildung: © Helge Sobik
Druck und Verarbeitung: Remaprint, Wien
ISBN 978-3-7117-1018-5

Informationen über das aktuelle Programm
des Picus Verlags und Veranstaltungen unter
www.picus.at

Inhalt

Joan Miró und der Mann mit der Mandarinenkiste

Spuren und Erinnerungen: Im Atelier des katalanischen Künstlers, der von 1956 bis 1983 auf Mallorca lebte

Auf den Arbeitstischen liegen noch immer halb ausgequetschte Farbtuben scheinbar wahllos herum. In angelaufenen Gläsern stehen Pinsel, als wäre er nur eben mal hinausgegangen, um gleich zurückzukehren. Selbst die Stühlchen mit ihren geflochtenen Sitzflächen und die kleinen Hocker, auf denen er saß, um jeden Fortschritt eines Gemäldes in Ruhe zu betrachten – alles steht zwischen den unfertigen und entsprechend noch unsignierten Werken im Atelier in den Hügeln von Cala Major am Stadtrand von Palma, als wäre Joan Miró gerade erst aufgestanden, um ein wenig unter den Pinien auf seinem zwölftausend Quadratmeter großen Grundstück zu spazieren.

Dabei ist er schon am Weihnachtstag 1983 gegangen und bald dreißig Jahre lang nicht zurückgekehrt. Mirós Atelier konserviert den Augenblick seiner letzten Arbeitsstunde, den Moment seines Todes. Es ist mitsamt der Einrichtung, vielen Details und den unfertigen Bildern so erhalten geblieben, wie der Künstler es hinterlassen hat. Nicht mal die Farbkleckse und -ränder auf dem Fußboden hat eine übereifrige Reinmachekraft der Nachwelt vorenthalten und womöglich weggewischt.

Im Flurbereich ist heute ein dünnes Seil gespannt, das die vielen Besucher zurückhält. Nur von dort aus dürfen sie in den Raum schauen, wo der Meister wirkte. Fast alle tun es mit Andacht. Sie flüstern oder schweigen, und nur ab und zu klickt der Auslöser eines Fotoapparats. Und so strahlt der große, helle Saal heute die Würde einer Kirche aus, ohne aber die Kälte eines Mausoleums zu haben.

Für Miró war das seine Höhle, sein Reich, sein Rückzugswinkel. Der Ort, wo sich seine Schaffenskraft entlud. Er wollte dabei unbeobachtet sein, ließ anders als beim Zeichnen oder Gravieren nicht mal seine Frau Pilar Juncosa herein, wenn er am Malen war. Selbst im Alter pflegte er eiserne Disziplin, begann den Arbeitstag frühmorgens um fünf und schritt dafür die Treppe vom Wohnhaus Son Abrines weiter oben am Hang hinab, über den Hof und weiter auf die Empore des Ateliers, von dort an ein paar Arbeitstischen vorbei eine Ebene tiefer in den Saal, in dem er fortan seinen Leinwänden mit dem Pinsel Leben einhauchte.

Oft hat er dort gesessen, auf die halb fertigen Werke geschaut, Änderungen erwogen, über nächste Schritte nachgedacht, ehe er neuerlich zum Pinsel griff und einen weiteren Strich zog, eine Farbe auftrug, ein Bild ein kleines Stück weiter voranbrachte: »Es sprudelte nicht aus ihm heraus, auch wenn es am Ende so aussehen mag«, beschreibt Magdalena Aguiló Victory, bis vor Kurzem Direktorin der Fundació Pilar i Joan Miró a Mallorca: »Er musste sich jedes Bild erarbeiten.« Den Eindruck von Leichtigkeit zu erwecken, ist immer eine besonders schwierige Aufgabe.

Tatsächlich war es oft ein langwieriger Prozess, und immer arbeitete er an vielen Gemälden gleichzeitig. Sie umgaben ihn im Atelier, und wenn der für niemand anderen erkennbare Moment für eines davon gekommen war, nahm er es sich vor und malte daran weiter, ehe er sich wieder hinsetzte, mit Blicken in jenem Bild versank und nachdachte: »Ich arbeite wie ein Gärtner«, hat er einmal gesagt. »Ich bin wie ein Insekt, wie eine Biene und bestäube die unterschiedlichen Pflanzen im Garten nach und nach, wenn es für jede einzelne davon so weit ist.«

Manchmal nehmen die Aufseher heute das Absperrseil zwischen Flur und Ateliersaal zur Seite, wenn Freunde zu Besuch kommen, die mitten ins Allerheiligste dürfen – Leute, die Miró nahe waren und es ihm am Ort seines Wirkens auch bald dreißig Jahre nach seinem Tod noch ab und zu sein möchten. Pere Serra ist so jemand. Er ist gern im Atelier – gerne dort, wo er mit Miró auf den einfachen Hockern fast auf dem Fußboden zusammengesessen hat. Pere Serra ist der Mann mit der Mandarinenkiste. Wie er das wurde, wie sich die Freundschaft zwischen ihm und dem längst weltberühmten Maler mit fünfunddreißig Jahren Altersunterschied entwickelte, ist eine lange Geschichte.

Serra ist inzwischen selber alt geworden, seit er seine Mandarinenkisten vor der Haustür von Son Abrines in Cala Major abgestellt, seit er regelmäßig Orangen und Zitronen gebracht hat. Es ist Zeit vergangen, seit 1957 eine Freundschaft begann, die sechsundzwanzig Jahre lang halten und immer enger werden sollte. Don Pere Serra ist heute dreiundachtzig, geht mit sorgsam gesetzten kleinen Schritten, nimmt nicht mehr drei Treppenstufen auf einmal wie damals, als er Mandarinenbote war. Inzwischen sitzt er leicht gebückt mit nach vorne geneigtem Kopf in seinem breiten Bürostuhl – und sieht gleichwohl jünger aus. Sein Haar ist noch immer nicht vollständig ergraut. In Strähnen ist es pechschwarz wie einst, wie auf den Fotos von damals, die ihn gemeinsam mit seinem engen väterlichen Freund zeigen. Pere Serra ist braun gebrannt, hat erstaunlich wenig Falten im Gesicht, dazu hellwache Augen. Der Mann, der da heute hinter seinem großem Schreibtisch im ersten Stock des Palau de Prensa, des Pressehauses, in der Innenstadt von Palma sitzt und von damals erzählt, von der Stimmung im Atelier, als diese Freundschaft ihren Anfang nahm, ist der Hüter eines großen Schatzes: seiner Erinnerungen.

Wenn es um Joan Miró geht, den er bewundert und geschätzt hat, dem er in jenem Atelier sogar als einer von ganz wenigen bei der Arbeit zusehen durfte und mit dem gemeinsam er so viel Zeit verbracht hat, dann hat er jedes Detail präsent, nichts verdrängt, nichts vergessen, erinnert sich genau an Mirós Händedruck, als hätte er ihn erst vor einer Stunde zuletzt gespürt. »Klar« sei der gewesen, »eher kurz, nicht sehr fest, schon gar nicht weich. Ehrlich und aufmerksam.«

Als junger Journalist wollte dieser Pere Serra versuchen, ein Interview mit jenem Miró zu führen. Der war seinerzeit gerade nach Mallorca gezogen und hatte sich dort gemeinsam mit seiner von der Insel stammenden Ehefrau Pilar und Tochter Maria

Dolors in den Hügeln oberhalb von Cala Major niedergelassen – damals weit draußen auf dem Lande, wo ein Eselskarren Wasser, Milch und *ensaïmadas*, die mallorquinischen Teigschnecken, den Hang hinauf brachte. Heute ist daraus ein hässlicher Vorort mit ungepflegten Wolkenkratzern geworden. Betonspargel mit verdreckten Balkonverblendungen und nach frischer Farbe schreienden Fassaden flankieren das Grundstück. Das konnte damals niemand ahnen, als Miró sein Idyll im Grünen erwarb.

Als Künstler hatte er es längst zu Weltruhm gebracht und Geld hatte bei der Ortswahl nicht wirklich eine Rolle gespielt. Seine Werke mit den verspielt wirkenden Farbklecksen, mit dicken schwarzen Linien und stilisierten Figuren erzielten in Galerien rund um den Globus bereits Spitzenpreise, und selbst das renommierte Museum of Modern Art in New York, damals noch mehr als heutzutage so etwas wie der Welttempel der zeitgenössischen Kunst, hatte dem katalanischen Künstler, geboren in Barcelona, bereits 1941 eine große Retrospektive gewidmet: höchste und zugleich seltene Ehre für einen lebenden Künstler.

Im ersten Stock von Son Boter, dem Herrenhaus auf seinem Grundstück, hatte Miró bald ein Rückzugs- und Nachdenkzimmer eingerichtet – ein vergleichsweise kleiner, dunkler Raum mit roter Tapete und Holzvertäfelung, während alle anderen Räume strahlend weiß getüncht waren. Abgeteilt war eine kaum zwei Quadratmeter große nackte Kammer mit nichts als einem Stuhl. Dort saß er, um zu grübeln und hinter die großen Dinge zu steigen. Neben dem Eingang zu dieser Kammer hängt ein Schwarz-Weiß-Foto Picassos, ein Stück weiter weg sind gerahmte Porträts von Joan Mirós Eltern befestigt.

Eigene Spuren hat er in diesem Raum, der offenbar den leiblichen wie geistigen Vorfahren gewidmet war, nirgends hinterlassen, während die Wände der öffentlich nicht zugänglichen Nebenzimmer ebenso wie die des zur Besichtigung geöffneten Erdgeschosses mit flüchtigen Zeichnungen übersät sind, mit Linien, Bögen, Grundformen. Miró hat sie als Skizzenblock verwendet, hat Entwürfe für Skulpturen an diesen Wänden hinterlassen. Hier in Son Boter, diesem Landhaus aus dem 18. Jahrhundert, fühlte er sich geerdet. »Das hier ist die Wahrheit«, hat er einmal gesagt und dabei mit der Hand über die Wand des Gebäudes gestrichen: Alle Traditionen flossen hier für ihn zusammen, alles Grundsätzliche, dazu die Einfachheit der Formen. Hier fühlte er sich seinen Wurzeln nahe.

Weitgehend unbeachtet war er, der so lange in Paris gelebt und gearbeitet hat, nur in seiner Heimat geblieben. Spanien litt damals unter der Franco-Diktatur, und Kunstsinn war nicht gefragt. So hatte auch auf Mallorca kaum jemand mitbekommen, wer dieser anderswo gefeierte Miró war – und noch weniger, dass er sich 1955 jenes große Grundstück mit dem alten Landhaus Son Boter als Ateliergebäude auf der Heimatinsel seiner Frau gekauft hatte und nebenan ein paar Meter tiefer am Hang ein Wohnhaus bezog und ein großes Atelierhaus vom bekannten Architekten Josep Luis Sert errichten ließ. Serra aber schaute über den Tellerrand und hatte davon in der *New York Times* gelesen.

Er wusste, dass dieser im Ausland so viel beachtete Künstler enorm pressescheu war, öffentlichkeitswirksame Auftritte ganz und gar nicht liebte und nichts mehr schätzte, als möglichst viel Ruhe für seine Arbeit zu haben. Als Reporter Serra dennoch am Tor klingelte, erschien ein kleiner und leicht gebeugter Mann in grauem Arbeitskittel, mit freundlichem, etwas rundlichem Gesicht, der sich alles anhörte, was der Überraschungsbesucher vortrug: dass er für die Lokalzeitung arbeite, gerne ein Interview mit Señor Miró führen und sich auch persönlich stark für dessen Kunst interessieren würde. Der kleine Herr hinter dem Tor stellte sich als Gärtner des Hauses vor und bedauerte: Was für ein Pech, aber Herr Miró sei erst kürzlich mit der Gattin in die USA gereist, wirklich sehr schade, und er würde für länger unterwegs und einige Wochen, wenn nicht Monate, nicht in dem neu erworbenen Anwesen auf Mallorca anzutreffen sein.

Serra bedauerte, plauschte noch ein wenig und bat den freundlichen Gärtner, Grüße auszurichten und die Idee mit dem Interview mal bei passender Gelegenheit vorzutragen, wenn der Künstler wieder zurückgekehrt sei.

Monate später nahm er einen neuen Anlauf – diesmal gemeinsam mit einem Bekannten Mirós, der tatsächlich eine Verabredung mit dem Künstler in dessen Haus hatte. Entsprechend wurden sie erwartet, und Serra lernte einen kleinen stillen Mann mit rundlichem Gesicht, mit dünnem Haar, schelmischem Blick und leichtem Schmunzeln in den Mundwinkeln kennen: eine Persönlichkeit, die ihn beeindruckte – keiner, dem der Erfolg zu Kopf gestiegen war. Viel eher ein einfacher Mann, ein unscheinbarer und freundlicher älterer Herr von damals vierundsechzig Jahren.

Gegen Ende des Treffens konnte er nicht mehr an sich halten, und es platzte aus ihm heraus, wie unglaublich dieser Zufall sei: »Ihr Gärtner sieht Ihnen in einer Weise ähnlich, dass man es nicht glauben mag. Als wären Sie Geschwister!« Miró schwieg. Und er lächelte. Heute ist es Pere Serra, der diese Geschichte des eigenen Irrtums mit einem Lausbubenlächeln weitererzählt.

Bei dem Besuch hatte er erfahren, wie gerne Miró frische Mandarinen, Orangen und Zitronen aß. Und weil die Eltern zu Hause in Sollér viele davon hatten, kam er regelmäßig zurück und klingelte am Tor oben am Hang in Cala Major: um eine Kiste für Herrn Miró abzugeben. Mal waren es Mandarinen, in der nächsten Woche Orangen, dann ein paar Zitronen, schließlich wieder Mandarinen. Manchmal stellte er sie einfach nur ab, ein anderes Mal drückte er sie dem vermeintlichen Gärtner in die Hand. Einmal verschenkte er zusätzlich selbst geangelte Fische. Und ein weiteres Mal wurde er schließlich hereingebeten, und die beiden plauderten: über Mandarinen und das Tal von Sollér, das Miró so liebte. Über das Malen, über Mallorca, über die Kunst an sich, über Gott und ab und zu auch über die Welt. Es war der Beginn jener Freundschaft.

Eine ihrer Gemeinsamkeiten war der bescheidene Auftritt. Serra pflegt ihn bis heute, kann selbstironisch sein und kommt nicht auf die Idee, mit dem zu protzen, was er erreicht hat: Er ist Verleger geworden, ihm gehören die Tageszeitungen *Última Hora, Diari de Balears* und *Majorca Daily*

Bulletin, dazu die deutschsprachige Wochenzeitung *Mallorca Magazin*, zwei Radiosender, eine Großdruckerei. Und er hat, fast nebenbei, eine der bedeutendsten Sammlungen moderner Kunst in Spanien aufgebaut und deren Werke in seine Fundació Serra eingebracht. Dafür schlägt sein Herz. Und nach den Erinnerungen sind diese Gemälde sein zweiter großer Schatz.

Sie umgeben ihn zu Hause in Sollér ebenso wie im Büro in Palma. Dabei ist es eher so, als wohnten sie mit ihm, als dass er sie präsentieren würde. Sie sind da, sind nah bei ihm. Sie sind nicht gehängt, um größtmöglichen Eindruck zu schinden, sondern eher gruppieren sie sich eng um ihn, als schauten sie einander zu – er den Bildern, die Bilder ihm.

Die Decke in seinem Verlegerbüro ist niedrig, der Raum nicht allzu groß – kein Repräsentationszimmer mit hohen, breiten weißen Wänden und Stuckornamenten, kein Altbaupalais. Es ist Platz für den Schreibtisch und seinen Ledersessel, für einen Konferenztisch, für ein paar Regale und die Sofa-Sitzecke, die mit Kunstbüchern vollgestapelt ist. Die Klimaanlage brummt leise. Und an den Wänden hängen dicht an dicht die wichtigsten Werke seiner Kollektion: gegenüber neben dem Konferenztisch ein wenig in die Ecke gedrängt René Magrittes Gemälde »La séduction inattendue« von 1942, das auf einer Auktion für knapp über neunhunderttausend Euro zugeschlagen wurde, gegenüber vom Schreibtisch ein Bild von Kees van Dongen in hellen Blautönen, über dem Sofa eingezwängt eine Taube von Georges Braque. Auf dem Fußboden steht ein gerahmter Fernand

Léger. Und wo immer ein wenig mehr Platz frei war, hängen Arbeiten des großen alten Freundes: von Joan Miró.

Entstanden sind fast alle diese Werke im Atelier auf Mallorca – die älteren in den großen, unmöblierten Räumen der *Finca* Son Boter aus dem 18. Jahrhundert, die Miró zunächst als Atelier nutzte und wo später vor allem seine Skulpturen entstehen sollten. Die jüngeren in einem Gebäude, das der Künstler auf dem großen Grundstück unterhalb des alten Herrenhauses und nur ein paar Schritte von seinem Wohnhaus Son Abrines von Sert hat errichten lassen: ein Bau, der ganz auf Wünsche und Bedürfnisse Mirós zugeschnitten wurde.

Der Lichteinfall war genau durchdacht, eine Terrasse im Freien so angeordnet, dass sich die Sonnenstrahlen zunächst auf den Natursteinfliesen brechen mussten, ehe sie ins Atelier hineinschienen. Der Kunstgriff sollte das Licht wärmer machen, die Natursteininnenwand an der Stirnseite des Gebäudes einen ähnlichen Effekt haben. Schmalere Fenster an der Längswand ließen sich nach innen mit Läden wie Schranktüren öffnen und schließen, um die gewünschten Effekte zu erzielen.

»Ich durfte ihm dort mal beim Radieren zuschauen«, erinnert sich Mirós Galerist Josep Pinya, der im Zentrum von Palma jahrzehntelang die Galerie Pelaires geführt und inzwischen an seinen Sohn übergeben hat: »Es war ein Kraftausbruch, als er begann. Als ob der ganze Körper im Einsatz gewesen wäre, um eine Platte zu gravieren. Mit großem Schwung, mit weit ausholenden

Bewegungen. Als würde eine Kraft von außen in ihn hineingefahren sein.« Pere Serra hat es so ähnlich erlebt, ihn oft dort besucht, ihm wiederholt beim Zeichnen zugesehen – und den großen, hellen Raum immer wieder verlassen, bevor Miró schließlich zum Pinsel griff: »Ich habe ihn dort in unglaublichem Tempo arbeiten sehen. Um kurz darauf wieder innezuhalten, alles zu betrachten, sich scheinbar zu sammeln – und mit neuem Schwung weiter zu machen. Er hat ›Ha!‹ gerufen, wenn ihm eine Linie besonders gut gelungen schien. Und er hat gestöhnt, wenn er unzufrieden war. Und manchmal hat er Papier mit einer Energie zerknüllt, dass man keinen Laut geben mochte.«

Beim Malen aber, diesem intimen Schöpfungsakt, durften ihn beide nicht erleben – nicht der enge Freund, schon gar nicht der Händler. Miró wahrte sein Geheimnis, ganz ohne dass er aus diesem Sich-Zieren eine Inszenierung machte. Es ging nicht anders, er brauchte das Alleinsein, um seine Formen zu erfinden, in die andere später Fabelwesen und Monster hineinsahen. Er brauchte es, um Bilder zu entwickeln, die sich wie Gedichte lesen und Stimmungen auslösen sollten. Und er brauchte Stille. Nicht mal Musik lief, während er arbeitete.

»Miró selbst hat sich dabei zur Überraschung vieler immer als gegenständlichen Maler betrachtet«, so Magdalena Aguiló Victory von der Fundació Pilar i Joan Miró, »während andere ihn zu den Abstrakten gezählt haben. Er war mit dieser Einordnung nie ganz einverstanden.«

Gleichwohl, diese vermeintliche Gegenständlichkeit scheint gerade im Spätwerk nur für ihn selber sichtbar gewesen zu sein. Was seine Bilder Konkretes wiedergaben, war für andere in den meisten Fällen nicht decodierbar und allenfalls aus Symbolen und Indizien im Ansatz herzuleiten. Miró hat in seinen Werken offenbar klarer zu chiffrieren geglaubt, was die meisten anderen Betrachter erst ergründen müssen – eine Suche, die oft zu völlig unterschiedlichen Ergebnissen führt.

Kann man Mallorca in diesen Bildern wiederfinden? Pere Serra ist sich da absolut sicher: »Aber ja«, sagt er. Galerist Pinya ist derselben Ansicht: »Aus dem, was er hier auf der Insel sah, was er hier fand – daraus zog er fast dreißig Jahre lang seine Inspiration.« Und auch die ehemalige Stiftungsdirektorin Aguiló Victory hat da keinen Zweifel. »Als Kind«, hat Miró einmal gesagt, »habe ich den Himmel Mallorcas bewundert. Und in der Nacht hat mich hier die Spur einer Sternschnuppe, das Leuchten eines Glühwürmchens, das Blau des Meeres verzaubert.« Als alter Mann hat er diese Stimmung mit wenigen Zeichen und Farbtönen auf Leinwand gebannt.

Gerne setzte er sich in die Kathedrale von Palma, ohne ein besonders gläubiger Mensch gewesen zu sein. Es ging ihm weniger ums Beten als um den Raum der Andacht, als um die seinerzeit inspirierende Stille in der Kathedrale Sa Seu. Die Zuneigung zu diesem Gotteshaus ging so weit, dass Miró der Gemeinde anbot, ein großes Kirchenfenster zu gestalten. Sie lehnte ab.

Viel Inspiration zog er aus langen Spaziergängen auf der Insel, die seine Heimat wurde, aus der Natur, aus Kleinigkeiten, die er dort fand: aus einer seltsam geformten Mandel zum Beispiel, die er beim Wandern aufsammelte und nach einem prüfenden Blick in die Manteltasche gleiten ließ und nach deren Vorbild er eine Bronzeskulptur entwarf. Sie steht heute in der Innenstadt von Palma. Er zog seine Inspiration aus Steinen, Zweigen, auch aus Muscheln, die er am Strand sammelte.

»Wo immer wir gingen«, hat Serra noch vor Augen, »tastete er die Umgebung mit Blicken ab, und oft schaute er auf den Boden, um sich kurz darauf zu bücken, etwas aufzusammeln und in die Jackentasche gleiten zu lassen. Joan Miró konnte sich für die kleinen Dinge begeistern, er freute sich an ungewöhnlich geformten Steinen, zeigte sie dann herum.«

Oft haben die beiden sich in der Gegend von Sollér verabredet, immer wieder kam das Ehepaar Miró zu Besuch ins Haus von Pere Serra ebenso wie zu dessen Eltern. Manchmal sind sie im Restaurant C'an Amer in Inca essen gewesen, das es noch heute gibt: »Miró hat dort mal einen Keks immer und immer wieder zwischen den Fingern gewendet, dessen Form bewundert und ihn schließlich mitgenommen – um ihn später zu Hause in eine zwei Meter große Bronzeskulptur zu verwandeln.«

Und gerne sind sie hinterher stundenlang im Tramuntana-Gebirge spazieren gegangen. Miró, ein erklärter Gegner der Diktatur in Spanien, hat Serra dann gebeten, ihm neueste Franco-Witze zu erzählen. Er konnte nicht genug davon bekommen – und riskierte sogar einmal, dass die Guardia Civil in Son Abrines erschien und ihm der Pass zeitweilig abgenommen wurde, weil er es gewagt hatte, an einer Anti-Franco-Kundgebung teilzunehmen. Wenn sie wanderten, haben sie viel darüber gesprochen, welchen Weg Spanien wohl nehmen würde, wenn der verhasste Diktator endlich weg wäre. Und sie haben über Kunst gesprochen, über Künstler.

Ob eine Frage all die Jahre offen geblieben ist? Eine, die er auszusprechen versäumt hat und die er dem alten Freund im Nachhinein allzu gerne noch stellen würde? Serra überlegt nur sehr kurz. »Keine. Es ist nichts offen geblieben. Wir haben immer über alles gesprochen. Ich habe jede Frage gestellt, die mir in den Sinn kam. Und Miró hat sie alle beantwortet – selbst die indiskreteste.« Welche das gewesen ist? »Die nach dem bedeutendsten Künstler des Jahrhunderts.« Für Miró gab es keinen Zweifel: »Erst auf jeden Fall Picasso. Dann Picasso. Und danach Picasso. Dann irgendwann Moore, Klee, Kandinsky, ich. Und noch ein paar.« Er hat dann wieder hinuntergeschaut auf den Waldboden in der Tramuntana. Und einen Stein aufgesammelt.

Mirós Wohnhaus, inzwischen von dem 1992 eröffneten Museumskomplex der Stiftung und dem Sert-Atelier zur Hälfte umfasst, ist unterdessen für die Nachwelt verloren – obwohl es sich so wunderbar in den Gesamtkontext der Anlage gefügt, obwohl es das Bild vom Leben dieses Künstlers so gut abgerundet hätte. Künstlerenkel Joan Punyer wohnt dort, lebte jahrelang im Haus seines übermächtigen Großvaters, schaute manchmal vom bogenumfassten Umlauf aus herab auf das Museum und seine Besucher – und ließ kürzlich weite Teile des Hauses abreißen und in minimalistischem Stil völlig neu errichten. Jetzt hat es sich gehäutet, das

Gesicht völlig gewandelt – als ob der Enkel sich freistrampeln und an selber Stelle aus dem großen Schatten treten wollte. Er hat den weltberühmten Großvater gegen alle Proteste herausrenoviert, nun ist es einzig das Haus des Enkels. Magdalena Aguiló Victory will das nicht kommentieren, schüttelt nur leicht den Kopf, aber ihre Augen scheinen »Was für eine Schande!« zu sagen. Pere Serra aber hat einen Schatz, der über den Verlust hinweghilft: seine Erinnerung. Mit all ihren Details.

Vertriebenaus dem »paraíso«

Der König von Es Trenc, neue Saiten im sandigen Garten Eden und ein zweites Paradies: ein Tag in der Biografie des schönsten Strandes von Mallorca

Nein, wirklich, damit hatte er nicht gerechnet. So ähnlich wie damals bei Adam und Eva. Sie haben ihn einfach aus dem Paradies vertrieben. Nach all den Jahren! Übel haben sie ihm mitgespielt, ihn einfach abgezockt! Esteban Sanchez kann kaum still sitzen auf seinem Barhocker, schimpft wie ein Rohrspatz, kritzelt Zahlen auf eine Serviette, fuchtelt mit seiner Ray-Ban-Sonnenbrille. Und seine Oberlippe wölbt sich nach oben, wenn er endlich einen Moment zur Ruhe kommt: wie bei einem zutiefst beleidigten Kind, dem jemand einfach in die schöne Sandburg getreten hat. Aus purer Gemeinheit.

Dabei war Esteban Sanchez so etwas wie der ungekrönte König von Es Trenc, des schönsten und des längsten unverbauten Sandstrands auf Mallorca. Vierunddreißig Jahre lang hat er dort seine Beach Bar Ultimo Paraíso, das »Letzte Paradies«, geführt. Der Name war kaum Übertreibung, die Lage wirklich paradiesisch: zwanzig Schritte vom Meer, zehn von den unter strengen Naturschutz gestellten Dünen im Rücken. Aus den Boxen dudelte von frühmorgens bis spätabends Lounge-Musik. Wer cool war, kam zum Chillen, zum gepflegten Abhängen, zum Gesehenwerden. Wer weniger cool war, der kam zum

Sehen. Und dann waren da noch die, denen das ganze Getue sowieso egal war. Die kamen einfach nur auf einen Drink, ein Eis, einen Snack und um diesen Blick zu genießen: von einem kleinen Holzpodest mit Tischen und Sitzbänken unter einem von schlichten Säulen getragenen weißen Dach aus in die herrliche Umgebung. Vor ihnen lag das Mittelmeer, rollte sanft auf diesem schneeweißen Sand aus, schillerte selber in karibischem Türkis. Am Himmel klebte die Sonne und schien nach Kräften. Das Thermometer zeigte dreißig Grad, und die weiße *sangria* aus *cava*, dem spanischen Schaumwein, aus frisch gepresstem Orangen- und Melonensaft, aus einem Schuss Rum, einem Spritzer Cointreau und Früchten erfrischte so richtig – die Ein-Liter-Karaffe für fünfzehn Euro. Gleichzeitig flanierten die Strandschönheiten an diesem Logenplatz vorbei.

Was Esteban Sanchez nicht erzählt: dass er den Bogen offenbar gewaltig überspannt hat, Regeln mehr als nur gedehnt und die Rolle des Strandkönigs mit Haut und Haaren gelebt hat. Dass er in einer kleinen Bar Partys mit dreitausend Gästen gefeiert hat, bei denen der Alkohol in Strömen floss. Und dass – angeblich – hinterher manchmal Einiges aufzuräumen blieb im Garten Eden. Und drumherum.

Gleichwohl, es gab viele Tage, Wochen, manchmal Monate, da hatte die Bar des ergrauten Lebemanns aus Murcia wirklich Vieles vom letzten Paradies – auch deshalb, weil Autos fern waren, es keinen Straßenlärm gab und weil jedes Hotel kilometerweit weg war. Wer kommen wollte, musste zumindest die letzten paar Hundert Meter vom

Parkplatz weit hinten in den Salzwiesen bei den Salinen zu Fuß gehen.

Lange Zeit war es fast ein Automatismus, dass die zuständigen Gemeindebehörden Esteban jedes Jahr die Konzession für die Bar verlängerten. Immer und immer wieder. »Früher«, sagt er, »hat mich das dreißigtausend Euro pro Saison gekostet. Das war viel Geld.« Aber verdient hat er noch viel mehr. Die Bar war wie die beiden anderen ein paar Hundert Meter östlich und westlich davon eine Goldgrube: weil es nichts anderes gibt, keinen Kiosk am Strand. Und weil kaum einer der Badegäste, der jungen Machos, der schönen Frauen, der Familien, der älteren Ehepaare mit Vorräten bepackt wie Maulesel über die Dünen ziehen wollte.

Alle kehrten irgendwann ein. Und es kamen viele an diesen Strand: Sie tun es noch immer, sie genießen dieses Stück Mallorca, nehmen Anfahrtsstau, enge Pisten durch den Wald und Parkplatzsorgen in Kauf, um sich einen Tag lang den Sand von Es Trenc zum weichen Bett zu formen, ab und zu zur Erfrischung ins Meer zu steigen und irgendwann abends deutlich brauner als am Vormittag wieder in ihr Hotel zurückzufahren.

Aber dann gab es plötzlich andere Interessenten, die bei der jährlichen Ausschreibung für die Bar mitgeboten haben – bei dieser wie den beiden anderen von Es Trenc. Das hat die Preise hochgetrieben: »Es war die Gier der Politiker. Sie sind schuld, sie haben mich vertrieben.« Fünfzig Prozent der Konzessionsgebühr fließen in die örtlichen Kassen, die andere Hälfte der jährlichen Pacht geht an den spanischen Staat, der die Hoheit über den naturgeschützten Strand hat. Jetzt schimpft Esteban Sanchez wieder, springt auf, geht drei Schritte, setzt sich wieder, zupft sein rotes Hemd zurecht, öffnet es einen Knopf weiter. Sein ganzer Körper steht unter Spannung. Nichts hat er verschmerzt, nicht in den bloß zwei Jahren, seit all das geschehen ist. Esteban ist noch längst nicht fertig mit den Lokalpolitikern der Gemeinde Campos, auf deren Verwaltungsgebiet der Traumstrand liegt. Er hat seinen Frieden noch nicht gemacht, nicht schon jetzt, zwei Sommer nach dem Rausschmiss.

Onofre Bonet Gari erzählt da viel gelassener: »Jede dieser Bars wird jedes Jahr neu ausgeschrieben. Du kannst dich nie auf den Lorbeeren der Vorjahre ausruhen. Du weißt nie, was ein anderer bietet. Und du musst dein Gebot im verschlossenen Umschlag abgeben, wenn du für die Konzession mitbieten willst – ohne zu ahnen, was die anderen auf den Tisch legen.«

Das System hat die Preise hochgeschaukelt. »Und doch«, sagt Onofre, »ist es nicht das einzige Vergabekriterium. Das andere sind deine Referenzen. Hast du bereits Erfahrung mit Restaurants oder anderswo welche mit *chiringuitos*, den Strandbars, gesammelt? Bist du gut beleumundet? Das ist wichtig. Du kannst das niedrigere Gebot vorgelegt haben und wegen deiner Referenzen doch den Zuschlag bekommen.«

Wie viel Schieberei, wie viel Trickserei dabei hinter den Kulissen womöglich im Spiel ist, kann niemand durchschauen, der hier einen Cocktail trinkt und den Blick auf den Sand, das Meer und die Strandschönheiten genießt. Niemand, der nicht selber zu den Bietern gehört.

Esteban jedenfalls hat sich verzockt und nach vierunddreißig Jahren nicht mehr den Zuschlag bekommen. Er fiel aus allen Wolken und hätte nie geahnt, dass Onofre Bonet Gari aus Palma nun die Bar leiten würde, die mal sein ultimatives Paradies gewesen war, jetzt frisch in Weiß gestrichen ist und nun weit bescheidener als Chiringuito del Medio, rein beschreibend als »Bar in der Mitte«, firmiert – flankiert von den beiden anderen Bars im Sand, der einen nahe bei Ses Covetes, der anderen in Richtung Colonia de Sant Jordi am anderen Ende von Es Trenc.

Onofre lächelt derweil und hält sich bedeckt, was den Preis für die Konzession angeht. »Ich sage nur so viel: Wenn du hier tausend Euro Umsatz am Tag machst, stehst du schlecht da. Dann kommst du nicht aus. Und wenn es während der Saison eine Woche am Stück regnen sollte, siehst du ebenfalls alt aus. Hier zu sein ist sehr, sehr teuer. Hier musst du richtig Umsatz machen. Und wenn es gut läuft, kannst du gutes Geld verdienen. Aber es kann eben auch schief gehen.«

Diesen Morgen jedenfalls hat alles gut angefangen. Das zwölfköpfige Team aus Kellnern, Köchen, Barkeeper, Reinigungs- und Hilfskräften ist um kurz nach zehn vollzählig, und im dünenpistentauglichen Geländewagen haben sie bereits die Kisten mit frischem Gemüse, mit Kühlwaren, mit Obst für die *sangria,* mit Wein und Bier und allem, was in gute Cocktails gehört, vom Parkplatz am Ende der Asphaltstraße nach und nach hergeschafft. Sie müssen das selber tun, denn die Lieferwagen kommen nicht durch. Und sogar die neuen Gasflaschen für den Herd sind bereits da. Zwei

Mann polieren Gläser, einer wischt den Tresen, der nächste bereitet Salate vor.

Hinter den Kulissen hat soweit alles geklappt – und auch vorne unterm Dach sind bereits die ersten Tische besetzt. Die Musik läuft, die Leute lachen und wippen mit den Füßen im Takt, während draußen auf dem Wasser die erste Motorjacht Anker wirft. Sie sieht so ähnlich aus wie das Charterschiff von Mick Jagger, der letztes Jahr vorbeischaute. Gegen Mittag wird es das erste Mal voll werden: »Da kommen sie alle und wollen essen. Dann ist hier Hochbetrieb.«

Nur einer ist diesmal verspätet, aber das ist einzig sein Problem. Er hat es nicht eilig, auch nicht über Mittag, braucht keine Konzession, kann tun und lassen, was er will – sagt Onofre: »Tomás ist der Strandhändler hier, Tomás war schon immer da. Wie die Dünen und der Sand. Er hat keinen Druck. Er macht einen Strandtag und verdient sein Geld nebenbei.« Er lacht – und scheint den Mann mit dem improvisierten Verkaufsstand neben der Bar ein wenig zu beneiden.

Auch nebenan bei Francisco Jaime Pizá Bordoy herrscht inzwischen Hochbetrieb. Sein Kassierer Ramón, ein relaxter junger Typ mit schwarzem T-Shirt und Fünftagebart, hat gut zu tun, geht von Strohsonnenschirm zu Strohsonnenschirm. Mit einem Sommerlächeln auf den Lippen stellt er sich kurz vor, wünscht einen schönen Tag, freut sich mit den Fremden zusammen über die Sonne und kommt auf den Punkt: dass man die Schirme mit den Liegen mieten könne. Dass sie seinem Chef Francisco gehörten. Dass der die Konzession für diesen Strandabschnitt von der Gemeinde Campos erworben habe. Dass das teuer sei und er auch nicht wisse, wie viel genau der Chef dafür berappen müsse. Und dass ein Schirm mit zwei Liegen pauschal fünfzehn Euro am Tag koste, er auch herausgeben und gerne in ein paar Minuten nochmal wieder zum Kassieren vorbeikommen könne. Die meisten zahlen gleich. Die anderen haben es sich dann oft zwei Meter weiter im Sand bequem gemacht – ohne Schirm, ohne Liege, nur auf ihrem Handtuch. Und manchmal wechseln sie bald darauf wieder auf die Liegen zurück, kaum dass Ramón halbwegs außer Sichtweite ist. Der nimmt es mit einem Lächeln. Und bleibt hartnäckig: »Im Winter spiele ich in Kneipen Gitarre. Jetzt im Sommer bin ich an jedem Tag genau dort, wo andere ihre Ferien verbringen. Also warum sich ärgern?« Warum er hier nicht ab und zu Musik mache? »Leider zu viel Stress, wir haben vierhundert Liegen, zweihundert Schirme.« Was sein Traumjob wäre? »Irgendwas mit Gitarre am Strand. Am besten hier in Es Trenc.« Er fährt sich mit der rechten Hand durch den Bart – und geht kassieren.

Sein Chef Francisco Pizá, gerade um die dreißig, schickt sich an, neuer König dieses Strandes zu werden. Er sammelt Konzessionen – nicht wie Briefmarken, aber doch immerhin so wie andere Leute zum Beispiel Kunst oder schnelle Autos. Die für den Strandabschnitt mit den vierhundert Liegen hat er schon seit ein paar Jahren. Die für Rettungsschwimmer und Strandsicherheit hat er, die für die Strandreinigung seit Neuestem. Sechs Mitarbeiter beschäftigt er allein dafür. Eine Beach Bar in Es Trenc fehlt ihm noch in der Sammlung. Bisher hat es nur für die Konzession der Bar an der Nachbarbucht Es Carbot gereicht. Und ganz neu in seinem Portfolio ist die Lizenz zum Betrieb der Touristen-Bimmelbahn in Colonia de Sant Jordi. Pizá muss gute Kontakte haben. Oder gute Arbeit leisten und gut beleumundet sein. Oder alles drei zusammen.

Er versucht, ständig überall zu sein, seine Investments zu kontrollieren und sicherzustellen, dass die vorschüssig zu entrichtenden Gebühren am Ende der Saison mit Gewinn zurückgeflossen sein werden. Manchmal kommt er mit dem Geländewagen nachschauen, manchmal taucht er plötzlich mit dem heiß geliebten Jet-Ski auf und naht übers Wasser. Nur nachts haben seine Mitarbeiter verlässlich Ruhe vor ihm. Dann ist Francisco Pizá auf der Arbeit. Um zweiundzwanzig Uhr ist Dienstantritt in Porreres bei Campos, um sechs Uhr früh ist Feierabend. Denn im Hauptberuf ist der Mann Polizist. Wie das alles unter einen Hut passt? Wie einer vier oder fünf Jobs erledigen und ganz nebenbei auch noch ein Ferienhaus vermieten kann? Er grinst: »Mein Hobby ist Arbeit.« Er reibt sich die Augen. »Vier Stunden Schlaf genügen mir, meistens irgendwann am Nachmittag – eine längere Siesta nur, dann bin ich wieder fit.«

Francisco dürfte zu den wenigen gehören, die keine Augen für Es Trenc haben, keine Zeit für Genuss, keine ruhige Minute, um den Sand einfach mal zwischen den Fingern hindurchrinnen zu lassen. Er nimmt noch einen Schluck *sangria*. Morgen ist sein freier Tag bei der Polizei: »Andere haben eine Frau, ich habe zu tun.« Schlafen, sagt er, könne er auch im Winter. Da sei tagsüber Zeit genug.

Derweil ist es Nachmittag geworden vor der Beach Bar Chiringuito del Medio, die mal das Ultimo Paraíso war. Für Onofre und seine Leute ist ein Moment zum Durchatmen gekommen, ehe es wie immer gegen sechs noch mal so richtig losgehen wird. Eine junge Frau steht dreißig Meter von hier bis zum Bauch im Wasser, hält ihr Taschenbuch in den Händen und liest. Zehn Meter weiter schmettert ein Mann in Badehose Arien Richtung Himmel. Sein kleiner Sohn dümpelt in einem luftgefüllten Rettungsring und schreit auf Spanisch »Dadadi-Dadada«, während in der Nachbarschaft andere Kinder ihre Aufblastiere zum Meer zerren und ab und zu ein paar Nackte durchs Bild springen. Am Tresen warten ein paar Leute auf ihre Drinks, und Ramón kann Feierabend machen, weil alle Strandliegen in seinem Bereich für den Rest des Tages vergeben sind. Und bezahlt.

»Weißt du«, erzählt Barmanager Onofre, »es ist noch nicht lange her, dass es die behördliche Auflage gab, die Bar um Punkt achtzehn Uhr zu schließen und nichts mehr auszuschenken. Dann kannst du gleich einpacken. Ohne den Abend, wenn alle den Tag mit einem Drink ausklingen lassen wollen, kannst du die Sache vergessen. Dann spielst du die Konzession nie ein. Und du enttäuschst die Urlauber. Die verstehen nicht, wenn du plötzlich dicht machst.« Jetzt sei das zum Glück wieder anders, die Behörden hätten sich einsichtig gezeigt. Die Sperrstunde ist jetzt flexibel. So lange es nicht bis in die Nacht geht und so lange der Strand nicht plötzlich nur noch aus der Bar und ihren Gästen besteht, darf der Betrieb auch nach achtzehn Uhr weitergehen. Warum das zwischenzeitlich anders war? Er zuckt mit den Schultern. Und seine Augen, seine Gesichtszüge sagen: Da musst du andere fragen.

Die Sperrstunde, erzählen die Leute in Colonia de Sant Jordi dann auch hinter vorgehaltener Hand, hat Esteban verbockt. Weil er es einfach übertrieben hat. Weil er sich tatsächlich für den König des Strandes gehalten haben soll, für den Partymacher der Stunde, für so etwas wie Señor Jet-Set. Und weil das hier kein Ibiza werden sollte.

Strandhändler Tomás schlüpft derweil wieder in sein Hemd. Den Nachmittag über hatte er nur in Shorts verkauft: Sonnenhüte, Tücher, Milch und Öl zum Einreiben, ein bisschen Strandspielzeug. Dass all das bei ihm ein ganzes Stück teurer ist als anderswo, schert niemanden. Es ist Urlaub, die Sonne scheint, und Tomás mit all seinen Waren hat immer einen weiten Weg. Und er hat so etwas wie ein Monopol auf dieser Ecke. Abends räumt er alles ein, wenn sich gegen sechs, sieben der Strand zu leeren beginnt und zuerst die älteren Paare, dann die Familien, bald darauf die anderen Pauschalurlauber mit festen Tischzeiten in ihren Halbpensionhotels und ganz zum Schluss die jungen Leute ihre Sachen zusammenpacken und durch die Dünen zurück zum Parkplatz streben. Tomás lässt das Hemd lose im Wind über den Shorts flattern, nimmt schnell einen Drink. Und verschwindet.

Onofre denkt derweil über seine Zukunft nach, sein Leben, die Zeit nach der Bar. Eines Tages wolle er in die Großstadt ziehen, nach Paris, mal etwas anderes sehen. Und im Sommer will er es dann machen wie all die anderen und die Perspektive umdrehen: mit der Familie als Urlauber zurückkehren nach Es Trenc: »Ich habe als Kind hier gespielt. Da werde ich nie für immer Adieu sagen. Dann würde mir dieser Strand zu sehr fehlen.«

Was sich seit damals in Es Trenc geändert hat? Er überlegt nur kurz: »Alles.«

Was aus Esteban Sanchez geworden ist? Er hat wieder ein letztes Paradies gefunden, sein Ultimo Paraíso neu eröffnet: in Ses Covetes im letzten Haus an der Straße gleich neben der Schranke zum Naturschutzgebiet. Keine drei Minuten Fußweg sind es von da aus bis zum Strand der Strände Mallorcas. Nicht bis zu irgendeinem. Bis nach Es Trenc. Und trotzdem hat der Laden nichts von dem Zauber einer Beach Bar, wirkt eher unfertig, eher in das Haus hineinimprovisiert als dafür vorgesehen. Es gibt keinen Sand, und die Wellen rollen nicht mehr in Sichtweite aus. Stattdessen ist auf der anderen Straßenseite eine graue Ruine im Blick: ein Wohnkomplex im Rohbau. Vor Jahren von den Behörden stillgelegt. Angeblich illegal errichtet. Er soll abgerissen werden. Esteban setzt seine Ray-Ban-Brille wieder auf, schwenkt eine DVD mit Filmszenen seiner alten Beach-Partys. »Hundertfünfzigtausend Euro wollte die Gemeinde vor zwei Jahren für die Konzession haben. Hundertfünfzigtausend! Und ich hatte sogar noch mitgeboten!« Er meint sein voriges letztes Paradies – das eigentliche, aus dem er vertrieben wurde. Jetzt schimpft er wieder. »Dieses Jahr haben sie zweihundertfünfzigtausend verlangt. Da habe ich gar nicht erst mitgemacht. Das ist der Wahnsinn.« Er entlädt die Luft zu einem ploppenden Geräusch. »Pah«, sagt Esteban Sanchez. Er holt sich seinen Thron nicht mehr zurück. Er hat kurzerhand das Königreich verlegt – und hofft, dass ihn nun sein Partyvolk an neuer Stelle wiederfinden wird.

Reihenhaus an Millionär abzugeben

Vom Wandel des Portixol-Viertels in Palma vom Fischerquartier zur gefragten Wohngegend

Der Mann will mit seinem Freund zusammenziehen, ein paar Kilometer weiter Richtung Osten in Coll d'en Rebassa. Seine bisherige Eigentumswohnung gibt er dafür auf – trotz des Meerblicks von Bett und Sofa aus, trotz des breiten Balkons in vorderster Reihe, trotz der begehrten Lage im einstmals so schlecht beleumundeten und inzwischen so nachgefragten Portixol-Viertel von Palma.

Siebenhundertfünfundfünfzigtausend Euro möchte er für die hundertsechzig Quadratmeter im ersten Stock des dreigeschossigen Hauses an der Küstenstraße haben – die kleine Einliegerwohnung zur Rückseite hin und das gartenlaubenartig verglaste, ein wenig improvisierte Atelier im Hinterhaus mitgezählt. Ein paar Monate ist die Wohnung bereits auf dem Markt. Doch das ist kein schlechtes Zeichen, ein Käufer wird sich finden. Und bis dahin ist Zeit für ein wenig Kosmetik in dem hundertzehn Jahre alten Fischerhaus. So hat der Balkon offenbar schnell noch einen neuen Holzfußboden im edlen Bootsdeck-Look mit geriffelten Dielen bekommen. Die Bretter müssen brandneu sein, denn sie sind nicht die Spur ausgeblichen, keinen Hauch vom Salz des Meeres angegriffen. Der freundliche Mann, der ausziehen will, hat noch mal ein paar Hundert Euro in seine baldige Exwohnung investiert – wahrscheinlich an genau der richtigen Stelle.

Denn Maklerin Tanja von Busse führt Kaufinteressenten immer als Erstes auf diesen Balkon, schnell durch den kurzen Flur, das gemütliche Wohnzimmer, gleich hierher hinaus ins Freie. Unumwunden gibt sie zu: »Ich zeige immer zuerst, was den größten Reiz ausmacht. Bei dieser Wohnung ist es dieser Balkon mit dem völlig unverbauten Meerblick auf voller Breite. Das ist das Argument. Das ist es, was die Kaufpreisforderung unterstreicht.«

Seit ein paar Jahren ist das Portixol-Viertel stark im Kommen. Die Anzahl der Wohnungen und Häuser auf dem Markt, zumal in dem nicht sonderlich großen ehemaligen Fischerviertel zwischen Portixol-Hafen und Molinar-Jachtclub an den Schmal-, zwischen Meer und maximal der Carrer d'Erwin Hubert an den Längsseiten, reicht bei Weitem nicht aus, um die Nachfrage nach derartigen Eigentumswohnungen und Häusern gerade unter Skandinaviern, Engländern aber auch Deutschen zu befriedigen.

Längst haben die ihren Suchradius auch auf das angrenzende Molinar-Viertel ausgeweitet, zumal optisch kein Unterschied, keine klare Abgrenzung auszumachen ist. »Den ausländischen Investoren ist es egal, ob Portixol- oder Molinar-Viertel. Für die Leute aus Palma dagegen macht das einen großen Unterschied«, erläutert Tanja von Busse. Und längst nicht jeder Maklerkollege nimmt es ganz genau, wenn es in den Angebotsbeschreibungen um die Lage geht. Weil Portixol bekannter ist, klebt da in Inseraten gerne mal das falsche Etikett unter Haus oder Wohnung.

Zur Zeit will einer stolze drei Millionen Euro für eine Ruine in erster Reihe haben, ein anderer dreihundertsechzigtausend Euro für zweiundneunzig Reihenhaus-Quadratmeter in dritter Reihe: »Der beste Zeitpunkt, hier einzusteigen, war vor zehn Jahren. Schon vor sieben, acht Jahren gingen die Immobilienpreise im Viertel durch die Decke – und in der Wirtschaftskrise sind sie stabil geblieben«, so von Busse.

Nicht eben wenige der Investoren, die für ein kleines und nicht selten baufälliges Haus in den vordersten Reihen gut und gerne eine halbe Million Euro und mehr hinlegen, lassen es abreißen und völlig neu errichten oder entkernen – mit weiteren nicht unerheblichen Kosten. Was sie dann haben, ist ein großen baulichen Beschränkungen unterworfenes Heim am Meer, das dennoch nichts Repräsentatives hat. Sie leben auf Grundstücken fast ohne Freiflächen, haben jeden Tag ihre Parkplatzsorgen und erleben, dass insbesondere an den Wochenenden erholungssuchende Städter in Scharen an ihrer Veranda oder ihrem Balkon vorbeiflanieren und es auch nachts lange dauert, bis doch noch Ruhe einkehrt.

Jedermanns Sache ist das nicht, und trotzdem erstreben viele genau das: weil Portixol als Szene-Viertel gilt, angesagt ist, etliche Bars und Restaurants kurzfristig enorm en vogue sind und kurz darauf Name und Betreiber wechseln, um wiederaufzuerstehen und den Hype zu wiederholen. Sie kommen, weil zugleich noch immer ein paar der Alten da sind – die Fischer und die Arbeiter von einst, die einfachen Leute, die in den engen Straßen so nah am Meer aufgewachsen sind. Und sie kommen, weil das Zentrum von Palma mit all seinen Möglichkeiten in einem zwanzigminütigen Spaziergang zu erreichen ist.

Dabei galt Portixol lange als heruntergekommen, als verrufen sogar. Kriminelle waren hier unterwegs, Zuhälter fanden hier ihre Kunden. Und am Strand lagen deutlich sichtbar die Nadeln der Drogensüchtigen im Sand herum.

Der Wandel begann 1999 mit der Neueröffnung des Hotel Portixol nach alles in allem knapp dreijähriger Renovierung. Aus dem heruntergekommenen *hostal*, das mit seinen fünf Stockwerken wie ein Turm das Viertel überragt, hatten die Schweden Mikael und Johanna Landström ein bis ins Detail designtes Vier-Sterne-Hotel mit fünfundzwanzig Zimmern geformt, das lediglich am falschen Platz zu stehen schien. Vorheriger Betreiber war der ehemalige Leibkoch des Diktators Franco, der hier neben dem *hostal* auch ein auf Meeresfrüchte spezialisiertes Restaurant betrieb und selber im Haus wohnte. Er verdiente eine ganze Weile lang gut am Ausrichten von Hochzeitsfeiern, ehe der Ruf verblasste und das Viertel seine letzte über die eigenen Grenzen hinausstrahlende Attraktion verloren hatte. Touristen kamen seinerzeit sowieso fast keine, und wer hier übernachtete, war reisender Handelsvertreter mit kleinem Budget oder Lasterfahrer, der die Fähre aufs Festland verpasst hatte.

»Die ersten Gäste mussten wir noch vor dem nahen Strand warnen«, erinnert sich heute die langjährige Hoteldirektorin Christina Østrem. »Und wir mussten sie darauf hinweisen, dass nachts Drogenabhängige in den Straßen ihren

Rausch ausschliefen.« Sie hat den Wandel des Viertels aus nächster Nähe miterlebt und dort selber jahrelang gewohnt. »Bevor wir kamen, gab es eine Leder- und Stofffabrik im Viertel. Es roch zeitweilig so furchtbar, dass selbst alteingesessene Fischer wegzogen. Und zu den Kindern, die hier aufwuchsen, kamen nicht mal mehr die Mitschüler aus den Nachbarquartieren zu Besuch. Inzwischen ist das Viertel unfassbar hip. Es fühlt sich an den Wochenenden an, als ob halb Palma hier flanierte.«

Anfangs haben die Einheimischen das Hotel, das plötzlich die gestylten jungen Erfolgreichen aus dem Ausland anzog und Zimmerpreise von über hundertfünfzig Euro aufrief, als Fremdkörper in ihrem Viertel betrachtet und es zumindest distanziert gesehen. »Die meisten der Älteren«, erzählt Østrem, »blieben auf Distanz. Aber ihre Söhne und Töchter schauten herein.« Inzwischen haben manche im Hotel Arbeit gefunden – und viele zum zehnten Geburtstag des Portixol stolz einen von den Landströms entworfenen Dankeschön-Sticker mit dem Schriftzug »Ihr seid die besten Nachbarn« getragen. Sie alle waren zum Jubiläumsfest eingeladen.

Ein Fremdkörper ist das Designhotel heute nicht mehr – weil sich das Viertel in seiner Lebensart der modernen und in kühlen Blau-Weiß-Kontrasten gehaltenen Herberge nach und angepasst hat. Trotzdem gibt es hier noch immer viele Leute wie Joanna Maria Serra. Sie ist hier geboren. 1963 war das, in der Calle de Cortecera. Dreimal ist sie umgezogen, immer innerhalb des Viertels. Heute wohnt sie in der Parallelstraße ihres Geburtshauses. Wegziehen und das eigene Haus jetzt teuer verkaufen? Das kommt für sie und ihre Familie nicht in Frage: »Hier hörst du vom Bett aus, ob Sturm ist. Weil du das Meer hörst. Ich kenne das nicht anders. Und ich will das nicht anders.« Sie nippt noch mal an ihrem Wasserglas, stellt es wieder ab und wiederholt mit leiser Stimme: »Ich will es nicht anders.«

In ihren Kindertagen war nur die Straße zur Kirche asphaltiert. Sonst waren alle Wege im Viertel aus Sand, und ganz vorne am Meer fuhr die Straßenbahn. Wenn an einem Nachmittag zwei Autos vorbeikamen, war viel los. Es ist dieselbe Gasse, durch die sich nun an manchen Abenden Blechlawinen auf Parkplatzsuche wälzen: »Als ich Kind war, haben wir das Wasser noch in Eimern vom Brunnen an der Plaça de la Font geholt, und viele Häuser hier haben erst in den achtziger Jahren Wasser- und Stromanschluss bekommen. Für die Stadt war das hier immer das Arme-Leute-Viertel. Palma hat eher mit dem Rücken zum Meer gelebt und Portixol deshalb übersehen.«

Eine von Joannas zwei erwachsenen Töchtern ist gerade zu Hause ausgezogen und wohnt jetzt in der Nebenstraße. Die andere lebt noch im Elternhaus, in dessen Erdgeschoss sie gemeinsam mit Ehemann Enrique und Schwester Margarita das Fischrestaurant C'an Tito betreibt – 1976 von den Eltern eröffnet, als es noch alles andere als hip war, hier zu leben, zu arbeiten, ein Lokal zu betreiben – oder zum Essengehen herzukommen. Nur zwei Lokale gab es, dazu das Restaurant im damaligen Hostal Portixol.

Das C'an Tito ist heute ein hoch angesehenes

und eher teures Fischrestaurant – trotz des bodenständigen Ambientes. Für die Portion Petersfisch mit Zwiebeln müssen die Gäste siebenundzwanzig, für die mallorquinische Schalentierplatte vierunddreißig Euro hinlegen: »Es ist so teuer geworden, weil Fisch immer teurer geworden ist. Nun haben wir bereits seit fünf Jahren die Preise nicht mehr erhöht, und jetzt ist noch immer Wirtschaftskrise in Spanien.«

Die Gäste kommen gerne, aber sie kommen nicht täglich, weil sich das fast keiner leisten kann. Es sind vor allem Mallorquiner, dazu einige der neu Hinzugezogenen. »Die Leute aus der Stadt«, sagt Joanna, »sehen das Viertel inzwischen anders. Es steht in viel besserem Licht da. Es hat sich viel verändert. Das liegt am Portixol-Hotel. Und wahrscheinlich auch ein kleines bisschen an unserem Restaurant. Das hoffe ich jedenfalls.«

Mikael und Johanna Landström unterdessen, die damals mit ihrem Investment in die *Hostal*-Ruine am Rand des Portixol-Viertels ein hohes Risiko eingegangen waren und gewonnen haben, können inzwischen nicht mehr von dieser Art Arbeit lassen: Sie »sammeln« vernachlässigte Hotel-Immobilien, renovieren und designen sie und versuchen, sie mit neuem Gesicht zurück zum Erfolg zu führen. Sie wollen wiederholen, was ihnen mit dem Portixol gelungen ist. Ein zweites Mal hat das bereits geklappt, ihr drittes Hotel haben sie gerade gekauft.

Ob es unterdessen dem Mann mit der Eigentumswohnung für siebenhundertfünfundfünfzigtausend Euro schwer fallen wird, *Adéu* zu seinem Balkon und den kleinen Zimmern, dem zugigen

Atelier, dem winzigen Innenhof zu sagen, wenn ein Käufer gefunden ist und die Schlüsselübergabe ansteht? »*Hombre!*«, sagt er. »Oh, Mann«, heißt das. Er seufzt und scheint mit der Hand flüchtig und irgendwie liebevoll über einen Türrahmen zu streicheln. Was er vermissen wird? »Die Nähe zu meinem Arbeitsplatz in Palma, mein Atelier. Und den Meerblick.« Der kommt für ihn an dritter Stelle. Für den künftigen Besitzer aus dem Norden des Kontinents wird der als Kaufargument an erster Stelle stehen. Die sechsprozentige Maklercourtage wird der Neue nicht berappen müssen. Die trägt in Spanien per Gesetz der Verkäufer – plus Mehrwertsteuer.

Vielleicht wird Tanja von Busse ja schon bald jemanden gefunden haben. Gerade hat einer auf ihrem Mobiltelefon angerufen, dem sie letztes Jahr eine Wohnung in der Altstadt von Palma gesucht hatte. Er sei mit dem Fahrrad unterwegs gewesen und habe eine tolle Wohngegend entdeckt, sehr einfach, keine großen Häuser, direkt am Wasser und trotzdem zentral, alles so schön kleinteilig und gewachsen. Sicher ein Geheimtipp. Er wisse nicht, ob dort überhaupt schon etwas zu kaufen sei, aber sie solle doch bitte mal für ihn vorfühlen. Portixol heiße das Viertel …

Der Anrufer ahnt nicht, wie rasant sich die Gegend bereits verändert hat, bevor er das erste Mal hindurchgeradelt ist. Und dass es nicht mehr nur Mallorquiner sind, die hier Haus oder Wohnung verkaufen, sondern längst bereits Ausländer, die ein paar Jahre hier verbracht haben und nun wieder umziehen.

Keine Frage, das Viertel ist sauberer geworden

in diesen Jahren, moderner auch. Die Drogensüchtigen sind weg. Aber es ist nicht mehr ganz so urig, nicht mehr die Alltagsseite Palmas. Und wie immer, wenn etwas plötzlich auffällt, bemerken es auch die Falschen – solche Leute, die man weder hier noch anderswo haben will. Solche, die wehtun wollen. Menschen, die den Alltag der anderen kapern, um selber ihrem Ziel näher zu kommen. Zwei Bomben hatte die baskische Terroristenorganisation ETA vor ein paar Jahren im Portixol-Viertel deponiert. Eine ging hoch, die andere konnte rechtzeitig entschärft werden. Menschen blieben unverletzt. Und zur Erleichterung aller hat sich der Spuk nicht fortgesetzt.

Was Joanna Maria Serra vom C'an Tito sich für die Zukunft ihres Viertels wünscht: »Dass die Zeit jetzt anhält und sich nicht noch mehr verändert. Das nichts abgerissen und neu gebaut wird. Und dass auch die Straßen nicht neu gemacht werden.«

Und was Hoteldirektorin Christina Østrem hier heute besonders schön findet? »Dass inzwischen ganz früh morgens regelmäßig ein paar Fischer und Leute vom Hafen zu uns ins Hotel kommen, ganz ohne Schwellenangst, und hier einen Kaffee trinken, bevor sie zur Arbeit gehen.« Was sie über die Immobilienpreise denkt? »Die sind einfach nur verrückt geworden. Das kann sich kaum noch einer leisten.« Sie ist gerade weggezogen, ein paar Vororte weiter nach außerhalb. Wohin genau? Sie lächelt nur. Stiller sei es dort. Und billiger. Ein Geheimtipp. Noch.

Stapellauf in der Wohnstraße

Traditionelle »Llaüt«-Segelboote auf Mallorca

Der Mann hat eine eigene Werft, baut die traditionellen mallorquinischen *Llaüt*-Boote – und muss bei den Nachbarn gegenüber klingeln, wenn alle paar Monate wieder ein Stapellauf ansteht: damit sie gemeinsam schnell mal die schweren Mülltonnen vor dem Wohnhaus auf der anderen Straßenseite wegschieben, das Umparken der Autos organisieren und für möglichst viel Platz vor der Haustür sorgen können. Denn Joan Maria Rebassa Fiols Werft ist nichts anderes als eine größere Garage im Erdgeschoss eines Wohnblocks einer Stichstraße zum Strand von Ca'n Pastilla. Ein paar Häuser weiter toben sich nachts die Feierwütigen an der Platja de Palma aus und bummeln tagsüber Touristen über die Promenade, rekeln sich Urlauber im Sand und stehen mal ab und zu kurz auf, um in der nächsten Bar einen kräftigen Schluck *sangria* zu nehmen.

Rebassa hält währenddessen das Fähnchen mallorquinischer Traditionsarbeit hoch – und kaum einer weiß, kaum einer ahnt es in dieser Umgebung. Wann immer er wieder eines seiner breitbauchigen Schiffe fertig gebaut hat, muss er es umständlich auf Rollen auf die Straße hinausrangieren und auf einen Bootsanhänger schaffen, ohne Fassade oder Schiff Schaden zuzufügen – und damit anschließend irgendwie um die engen Kurven Richtung

Mittelmeer gelangen. Das ist jedes Mal absolute Millimeterarbeit – und hat noch immer haarscharf geklappt.

Was ihm entgegenkommt: *Llaüt*, gesprochen ungefähr »ja-üht«, sind recht klein, meist nur etwa sechs Meter lang und um die zwei Meter breit, die sowohl als Einmaster in der Segelboot-Version und inzwischen auch als reine Motorboote gebaut werden. Etwas Größeres könnte in seiner ungewöhnlichen Werkstatt nicht entstehen – und den Mast kann er auch montieren, wenn das Schiff das Erdgeschoss in der Calle Ovidi verlassen hat. Fenster gibt es in Rebassas Miniwerft nicht. Damit natürliches Licht hereinfällt und der gelernte Tischler weiß, wie das Wetter gerade ist, bleibt tagsüber immer das Rolltor auf voller Werkstatthöhe geöffnet.

Nur noch drei Bootsbauer auf Mallorca und zwei auf der Nachbarinsel Menorca beherrschen die Kunst, *llaüts* Brett für Brett nach alter Tradition in Handarbeit herzustellen. Rebassa hat die überlieferte Technik sogar weiterentwickelt, schichtet die Balken nun teilweise über Kreuz statt ausschließlich nebeneinander und erreicht so eine besondere Stabilität und zugleich niedrigeren Wartungsaufwand.

Nichts ist dabei von der Stange, fast jeder individuelle Kundenwunsch umsetzbar. »Das ist kein Massengeschäft«, erzählt der schüchterne Bootsliebhaber, der eigentlich viel lieber im Stillen werkelt, als Worte über sein Tun zu verlieren. Er legt den Hobel zur Seite, fährt sich mit der rechten Hand durch die kurz geschnittenen Haare: »Ich bin hier ganz alleine, habe keinen Gesellen. Jedes einzelne Boot – das bin zu hundert Prozent ich.«

Und wenn gerade mal kein neuer Auftrag rechtzeitig hereingekommen ist, beginnt er einfach eine *llaüt* nach eigenen Idealvorstellungen auf gut Glück zu bauen. Den Käufer sucht er sich anschließend, wenn das Schiff fertig ist. Das hat noch immer geklappt. Oder derjenige findet umgekehrt ihn während der Bauphase, weil der genau so etwas gerade haben wollte und die gut fünfunddreißigtausend Euro dafür zur Hand hat.

Ein paar Fischer gibt es, die immer noch mit der *llaüt* hinausfahren. Kommerziell ist das längst nicht mehr interessant. Zu gering ist das Ladevolumen, zu eingeschränkt sind die Möglichkeiten. Aber sie tun es noch – aus Spaß, als Hobby, aus Traditionsverbundenheit – oder weil sie längst nicht mehr vom Fischfang leben, sondern im Hauptberuf anderen Tätigkeiten nachgehen. Für ein paar von ihnen baut Joan Mario Rebassa Fiol noch diese Boote, für sie führt er Reparaturen durch. Aber seit einiger Zeit greift er immer häufiger für Freizeit-Skipper zu Säge, Hammer und Leimpinsel: Sie haben die *llaüt* für sich entdeckt, sind häufig nicht mal Mallorquiner, sondern vor allem Deutsche, Engländer oder Skandinavier, die oft und gerne auf der Insel sind, hier ein Haus, oft auch bereits ein Boot haben – und mit der Zeit noch ein typisches Zweitschiff haben möchten, manche in der reinen Motor-, die meisten dieser Freizeit-Skipper in der Seglervariante.

Zwischen fünfhundert und tausend teils jahrzehntealte *llaüts* schippern noch in den Gewässern der Balearen umher – eines gehört Rebassa selbst, der damit auf Traditionsregatten mitsegelt. Im Moment kommt er nicht dazu, hat viel zu tun – und das Schiff im eigenen Garten aufgebockt, weil die Liegeplätze teuer sind und er das Geld lieber in neues Werkzeug investiert.

Ob er lieber ein Schiff konstruiert oder lieber damit segelt? Er überlegt lange, mag sich nicht so recht festlegen und entscheidet sich dann doch: »Hauptberuflich zur See zu fahren – das wäre nichts für mich. Nebenbei macht es mir Spaß. Aber wenn ich mich entscheiden muss: Dann ist das Konstruieren noch schöner. Es ist großartig, ein Schiff unter den eigenen Händen wachsen zu sehen.« Selbst in einer Garage in Ca'n Pastilla.

Der Dreh mit dem Tau

Joan Llodrá: der letzte Seiler der Balearen

Manche Dinge tut man nicht gerne und schiebt sie deshalb vor sich her, weil es immer Wichtigeres gibt als solch lästige Laufereien: Seile herzustellen zum Beispiel. Oder mit Kunden zu scherzen, Lösungen für vertrackte Probleme zu diskutieren, zu fachsimpeln. Und irgendwann kommt man nicht mehr darum herum: Dann muss man doch zum Finanzamt. Joan Llodrá ging das so. Neulich war er endlich dort und lernte seine neue Sachbearbeiterin kennen. Als sie einander gegenübersaßen, schaute sie nur kurz auf, atmete ein-, zweimal kräftig durch die Nase, blickte plötzlich hektisch, sprang auf und rief »Feuer, Feuer!« Llodrá amüsiert sich, wenn er heute davon erzählt.

Er konnte die Frau schnell wieder beruhigen. Nicht das Finanzamt stehe in Flammen. Es sei bloß er, dessen Kleidung und Haut so angebrannt röchen – obwohl Oberhemd und Hose nichts anzusehen war. So sei das nun mal, wenn man sein Leben lang als *cordelero*, als Seiler arbeite, die Taue in Handarbeit fertige – und der Kunde sich wünscht, dass seine Leine Faser für Faser mit Teer imprägniert werde. »Das riecht verbrannt. Und ich merke das längst nicht mehr.« Er fasst sich an die Nase – und lacht wieder.

Joan Llodrá macht den Job in seiner unscheinbaren dunklen Halle am Rand von Mallorcas zweitgrößter Stadt Manacor seit inzwischen über dreißig Jahren, ist damals in die *cordeleria* seines Schwiegervaters eingestiegen und heute der Chef: »Ich habe damals seine Tochter Barbara Montserrate geheiratet. Und den Betrieb.« Er zwinkert vergnügt. Scheint so, als hätte er beides bis heute nicht bereut. Der Mann mit seiner Werkstatt ist ein Geheimtipp unter allen, die schon mal ein Boot festmachen, ein Segel hissen oder Netze einholen mussten.

Zu ihm kommen alle, die nichts von der Stange haben wollen. Vor allem Fischer sind darunter – solche, die in jedem Seil einen Metallkern haben wollen. Andere, die fünf Trossen zu einer abermals dickeren undurchtrennbar verdreht bekommen wollen. »Jeder Fischer«, erzählt er, »will es anders. Keiner geht los und kauft einfach nur ein Seil. Jeder hat eine andere Idee, eine eigene Philosophie. Keiner nimmt dieselbe Leine wie der Liegeplatznachbar, nicht mal wie der eigene Bruder.« Natürlich hängen Länge und Dicke von der Stärke des Fischkutters ab. Mehr noch aber weichen die Macharten der Taue voneinander ab, die das Schleppnetz halten: »Es soll nicht schwimmen und nicht ganz untergehen. Am besten schwebt es im Wasser. Wir drehen dafür Metallfäden ein.«

Neuerdings schauen mehr und mehr Skipper aus Mallorcas vielen Sportboothäfen bei Llodrá in der Seilerei Montserrate vorbei, weil sie ungewöhnliche Dicken, seltene Materialien oder auch nur bestimmte Farbkombinationen bevorzugen, die industriell nicht zu haben sind.

Seit sechzig Jahren gibt es die kleine Fabrik nun schon, und die neueste Maschine, die Llodrá angeschafft hat, ist das Faxgerät im Büro. Ansonsten tut es noch immer die Geschäftsausstattung von Schwiegerpapa: vor allem ein seltsames Eisenkonstrukt wie aus der Frühzeit der Industrialisierung am Anfang der sogenannten Seilerbahn. Dort sind Spindeln eingehängt, die blitzschnell gewechselt werden müssen, wann immer das Material auf der Rolle zur Neige geht. Diese Litzen laufen in unterschiedlichen Spuren, werden durch ein Metallgehäuse hindurch enger zusammengeführt, mit Eisenstiften je nach Bedarf auseinandergehalten oder noch weiter zusammengeführt – und mit der Kraft eines Motors immer weiter verdrillt. So etwas wie eine kleine Lokomotive sorgt als Gegengewicht dafür, dass alles stramm bleibt. Auf Schienen fährt sie bis zu hundertfünfzig Meter weit aus der Halle in den Hof hinaus. Und müssen dicke Stränge verdreht werden, ist zusätzliche menschliche Kraftarbeit gefragt. Llodrá läuft dann mit einem sogenannten Führungsdorn, einer schweren Metallöse mit mehreren Öffnungen, neben den vorbereiteten Seilen her, stemmt dieses Teil über die Stränge und führt sie so zu einem dicken Seil zusammen.

Bezahlt wird nach Gewicht. Launige Bemerkungen sind Alltag: »Wenn der Fang gut ist, dann deshalb, weil der Fischer ein guter Fischer ist. Wenn der Fang schlecht ist, liegt es an der Schnur.« Bei den Seglern sei das so ähnlich: »Wenn alles hält, der Törn reibungslos klappt und viel Spaß macht, dann wegen des Skippers. Geht etwas schief, liege es an der Schnur – oder am Segeltuch …«

Ob er seine Seile wiedererkennt, wenn er an Booten vorbei die Kais der Inselhäfen entlangspaziert? »Si«, sagt er und spricht das Wort aus, als wäre es mit einem Dutzend »i« geschrieben. Und falls das noch nicht eindeutig genug war, schiebt er ein lang gezogenes »claro« hinterher. »Meine erkenne ich immer. Sie sind anders, speziell, solide. Schön sind sie auch.« Und manchmal, das sagt er aus Bescheidenheit nicht selber, sind sie sogar kleine Kunstwerke aus Rot und Weiß mit einem dünnen blauen Faden, aus ungewöhnlichen Farbkombinationen, auf Kundenwunsch ab und zu sogar ganz traditionell aus Sisal statt aus Kunststoff. Nur an Bord gehen und mitfahren, die Seile im Einsatz erleben – das mag er lieber nicht und gesteht freimütig: »Mir wird auf dem Wasser schlecht, ich gehöre an Land.«

Wann er mal aus seiner dunklen Halle kommt? Er lacht wieder. »Abends nach Feierabend, mittags zur *siesta*. Und immer dann, wenn ein Seil länger als zwanzig Meter wird und die kleine Lokomotive aus der Halle herausfährt. Dauernd eigentlich.« Er freut sich und breitet die Arme in der scheunentorweiten Öffnung aus – über sich blauer Himmel, am Horizont ein Olivenbaum, in der Nase deutlich weniger Teergeruch als fünf Schritte weiter hinten.

Alles Handarbeit

Hausbesuch in einer der letzten traditionellen Olivenmühlen Mallorcas

Es sind diese Hände, die später nicht mehr aus dem Gedächtnis verschwinden. Mit ihren hellen, faltigen Innenseiten, den tief eingegrabenen Linien. Weich und warm sind sie. Die eine ist diesen Morgen wie zu einer Schale geformt – mit angewinkelten Fingern und dem Daumenballen als Umrandung. Und in die Mulde in der Mitte der einen Hand drapieren die Finger der anderen in Windeseile immer mehr Oliven – dunkle, reife Früchte, mit größter Geschwindigkeit in derselben Sekunde vom Boden in den jahrhundertealten Hainen oberhalb von Sóller geklaubt.

Es sind die Hände von Rosa Canals, die seit sechs Jahrzehnten Oliven ernten. Abermillionen von Früchten dürften es geworden sein. Mitte siebzig ist die Frau, die aus ihrem Alter ein Geheimnis macht – obwohl ihr Äußerlichkeiten offenbar egal sind. Mit Karo-Kittel und Hauspantoffeln stapft sie durch den Hain – und geht ehrfürchtig mit jeder einzelnen Olive um: Als lägen Edelsteine zur Präsentation auf dem Handteller. Und als wäre es völlig normal, eine rasch wachsende Pyramide aus schwarzen Oliven in der Linken zu balancieren, während die Rechte nicht mehr mit Sammeln aufhören mag.

Die Olivenhaine rund um das Ferienhaus, das

sie hier vermietet – sie sind von Kindesbeinen an ihre Welt. Ein paar Hundert Orangenbäume gehören ebenfalls zum Besitz – aber die Beziehung ist distanziert: »Das sind Nutzpflanzen. Aber Olivenbäume – die sind Kultur, Geschichte, die haben Charakter«, sagt sie. Die Vorzeigeoliven lässt Rosa Canals später nicht etwa auf den Boden fallen, sondern in die Tasche gleiten: zu kostbar, um auch nur eine davon einfach wegzuwerfen.

Die Frau mit dem blau-weißen Kittel ist mit ihnen aufgewachsen, hat Freude daran, ihre Bäume vorzuzeigen und Fremde auf Wunsch durch die Haine zu führen: »Ich kenne jeden Baum. Und das schon lange«, erzählt sie, als ginge es um alte Schulfreunde. Sie gehören der Familie von Rosa Canals – die jungen seit einigen Jahrzehnten, die ältesten seit vielen Generationen. »Unsere Oliven«, sagt sie, »haben das Aroma der Jahrhunderte. Und daher hat unser Olivenöl seinen besonderen Geschmack.«

Sie selber hat noch nie einen Olivenbaum gepflanzt. »Sie sind alle älter als ich, und es geht ihnen gut. Wir brauchen keine neuen zu pflanzen.« Die meisten hier sind außergewöhnlich groß, breit, mit weit ausladenden Ästen. Sie tragen die einheimische Olivensorte Mallorquina. Das Extrakt dieser Früchte schillert in einem dunklen Goldton mit Grünstich in den Glaskaraffen der nahen Ölmühle, ist fast dickflüssig, naturtrüb, duftet einen Hauch nach Zitrone, schmeckt nach reifen Mandeln, ist milde und süßlich – typisch für bestes mallorquinisches Olivenöl und für Kenner sofort herauszuschmecken.

Gemeinsam mit ihren Söhnen betreibt Rosa eine der drei letzten Ölmühlen auf Mallorca – gegründet und in Familienbesitz seit 1561. Und anders als in der Fabrikation der benachbarten Kooperative mit ihren Förderbändern, Stahlkesseln und verchromten Hähnen ist in der Ölmühle Ca'n Det noch fast alles Handarbeit.

Mit ihren gefliesten Gräben und Rinnen auf dem Fußboden, mit weißen Kacheln an den Wänden und knarzenden Türen, mit breiter Toreinfahrt und den lauten Rufen der Mitarbeiter gegen den Krach der rotierenden Mühlsteine erinnert die Halle eher an eine Autowerkstatt als an eine Delikatessen-Manufaktur. Den Söhnen ist der äußerliche Eindruck so egal wie Rosa Canals der Kittel-und-Pantoffel-Look: Hauptsache, alles geht seinen geregelten Gang. Wie seit Generationen. Hauptsache, das Öl wird seinem Ruf gerecht: »Die Qualität hängt von den Böden ab, auf denen die Bäume wachsen. Sie hängt ab von der Sonneneinstrahlung, den Temperaturen und vom Wind, vom Mikroklima hier in Sóller. Und gar nicht mal unwesentlich auch davon, ob ein guter oder ein schlechter Ölmüller die Pressung vornimmt.«

Wie viele Olivenbäume es auf Mallorca gibt, hat nie jemand gezählt. Es dürften ein paar Hunderttausend sein. »Wir wissen nicht mal, wie viele uns gehören«, sagt Rosa. Gerade erst entdecken Mallorcas Tourismusstrategen die Olive als Urlaubermagneten, schildern Wanderwege durch die Haine weit abseits vom üblichen Ferienbetrieb überall auf der Insel aus, legen Prospekte mit Tourvorschlägen auf, laden zu Besichtigungen in den Ölmühlen, sogar in den industriell anmutenden landwirtschaftlichen Kooperativen ein. Ca'n Det ist längst mit von der Partie, und die Betreiberfamilie zeigt Fremden ihre Mühle werktags und zu den üblichen Geschäftszeiten auch ohne Voranmeldung.

Viele private *Finca*-Besitzer vertrauen Rosa und ihren Jungs gerne die Früchte ihrer manchmal nur drei, vier Olivenbäume an. Sie kommen, weil sie wissen, dass hier nichts in großen Kübeln zusammengeschüttet wird, sondern sie Frucht für Frucht das Öl ihrer eigenen Oliven abgefüllt bekommen. Fünfzig Euro kassiert Ca'n Det für die Pressung von rund zweihundert Kilo Oliven mitsamt der Abfüllung des Privatöls. »Die Faustregel«, erzählt Rosa Canals, »besagt, dass etwa vier Kilo Oliven einen Liter Öl ergeben. Ein stattlicher Baum trägt etwa fünfzig Kilo Früchte und bringt demnach um die zwölf Liter.«

Die zugereisten Hobby-Olivenbauern aus England, Deutschland und Skandinavien müssen meist nicht länger als zwei, drei Stunden warten, bis sie »ihr« Öl bekommen – so lange dauert die Pressung. Anliefern sollten sie die Früchte am besten stets am Tag der Lese, die jedes Jahr je nach Sorte und Lage zwischen Oktober und Februar stattfindet: »Alles andere«, weiß Rosa Canals aus Erfahrung, »schadet der Qualität.«

Die reifen Ovale werden mit Wasser gereinigt, gleich danach unter schweren kreisenden Steinkegeln mitsamt der Kerne zermahlen, ehe dieser klebrige Olivenbrei auf Flechtmatten gestrichen und in achtzig bis neunzig Lagen übereinander in antiquarisch anmutende Pressen eingespannt wird. An der Außenseite der Matten rinnt das Öl nach unten, wird in Behältern aufgefangen, später zentrifugiert, um es vom anfangs zugeführten schwereren Wasser wieder zu trennen – und am Ende rinnt reinstes Olivenöl der individuellen Hausmarke in die Flaschen.

Auch Prominente sind unter den *Finca*-Besitzern, die hier pressen lassen. Der britische Milliardär Richard Branson zum Beispiel tauchte mal auf, um zu schauen, wie es seinen Oliven ergehe. Ihm gehörte jahrelang das Luxushotel La Residencia im nahe gelegenen Deià mitsamt den angrenzenden Ländereien – und den Olivenbäumen, ehe er das Anwesen an Orient Express Hotels verkauft hat. Die Pressung des Residencia-Öls für das erstklassige Hotelrestaurant El Olivo unter Küchenchef Guillermo Méndez wird noch heute von Ca' n Det vorgenommen.

Ob auch Boris Becker hier Olivenöl herstellen lässt, beantwortet Rosa Canals mit einem diskreten Lächeln und nervösem Ineinanderrühren ihrer hellen, faltigen Hände. Man solle doch nicht zu viel reden, das sei doch alles sehr diskret. Sagt sie. Und überhaupt. Aber der Herr Becker, der sei schon ein sympathischer Mann. Und so groß, so eine Erscheinung. Und Frau Schiffer? Claudia? Die während ihrer Jahre auf Mallorca auch den einen oder anderen Olivenbaum besessen hat? Sie lächelt wieder: »Die Dame kenne ich nicht.« Und die Hände kneten einander.

Den größten Ehrgeiz investieren die Ca'n-Det-Betreiber in ihr eigenes Öl – aus den Früchten der Bäume, die Rosa von klein auf kennt: »Unser Geheimnis? Wir lassen die Natur entscheiden, wann eine Frucht reif ist. Wir sammeln nur die heruntergefallenen Oliven ein, machen das zwei- bis dreimal während der Erntezeit. Erst danach fegen wir mit Stöcken die letzten von den Ästen.« Eine gute Leserin sammelt zwanzig Kilo in der Stunde – und wurde früher mit Öl bezahlt. Urlauber, die mithelfen wollen, sind nicht im Entferntesten so schnell – haben aber ihren Spaß.

Regelmäßig führt Rosa Verkostungen mit Gästen durch, lässt sie mit selbst gebackenem Brot verschiedene Öle dippen, hat rustikale Holztische und Bänke im Raum neben der Ölmühle aufgestellt und verkauft inzwischen im kleinen eigenen Laden an die Besucher. Zu den Stammkunden zählen ambitionierte Küchenchefs von überall auf der Insel. Selbst nach Deutschland liefert sie. In kleinem Stil nur, denn die eigene Jahresproduktion unter der Marke Ca'n Det beträgt maximal tausendfünfhundert Liter. Gut zehn Euro kostet der Viertelliter ihres besten Öls in Deutschland im Handel, sechs Euro sind es vor Ort in der Mühle.

Wenn Rosa samstags für die ganze Familie brät, verbraucht sie einen halben Liter Olivenöl – »nur das eigene, anderes kommt mir nicht in die Küche«. Sie kann sich darüber amüsieren, dass es Ausländer gibt, die das Öl erstehen, um sich die Haut damit einzureiben. »Das habe ich nie ausprobiert. Aber aus Olivenöl minderer Qualität stellen wir Seife her.«

Wann Rosa Canals in Rente gehen will? Damit hält sie es wie ein Olivenbaum. »Nie«, sagt sie – während sie sich schnell nach ein paar herumliegenden Oliven bückt und sie in die Tasche ihres Kittels gleiten lässt.

Klippenküsten auf Leinwand

Blick in die Ateliers

An manchen Tagen fährt der rundliche Mann stundenlang mit seinem kleinen Holzboot vor der Steilküste im Westen Mallorcas auf und ab, wo das Tramuntana-Gebirge ins Meer fällt. Während er auf die Klippen starrt und meditiert, tanzt die Nussschale, als hätte sie alle Mühe, gegen die heranrollenden Wellen anzukämpfen. Ab und zu erwacht er aus seinen Träumen und schießt ein paar Fotos von den Mittelmeerbrechern, die gegen die meterhohen Felsen klatschen: von verwitterten Strukturen, von Gesteinsformationen, an denen Wind und Wetter seit Jahrtausenden nagen. Sie sind ein Spiegelbild der Urgewalt, bei deren Anblick der mallorquinische Künstler Joan Riera Ferrari seine Sinne auf der Suche nach Inspiration für seine begehrten Werke vollsaugt.

Zur selben Zeit flanieren nur ein paar Kilometer von hier die Touristen durch herausgeputzte Bilderbuchorte wie Deià und Valldemossa hoch oberhalb der Felsen, blicken in die Schaufenster von Galerien – und ahnen nicht, was Riera Ferrari dort unten tut.

Zu Hause in Manacor, der zweitgrößten und vom Tourismus dennoch bloß gestreiften Stadt der Insel, hat er Dia-Magazine über Dia-Magazine voll mit Steilküstenfotos. Blitzschnell jagt er sie durch den Projektor: fünfzig Dias in kaum mehr als einer

Minute. Oder er klickt sich durch den Computer, mit den inzwischen digitalen Fotoneuzugängen auf der Festplatte. »Gleich danach«, erzählt er, »beginne ich zu malen, verschmelze alle diese Eindrücke der Fotos im Kopf und forme daraus auf der Leinwand ein einziges Steilküstengemälde.«

Zentimeterdick trägt der Mann seine mit Erdpigmenten und Leim angereicherten Farben auf – erst robust mit der Maurerkelle, später für die Feinarbeit mit dem Pinsel. Riera Ferrari malt mallorquinische Küstenlandschaften – so dreidimensional, dass sie sich auf der Grenze zwischen Gemälde und Skulptur bewegen. Der Clou ist dabei die Wirkung. Denn aus der Nähe erscheinen seine Werke völlig abstrakt und verschlüsselt, von Weitem sind sie geradezu fotorealistische Abbildungen mediterraner Küstenlandschaften. Egal aus welcher Entfernung: Riera Ferraris Werke sind Verkaufsschlager unter Mallorca-Liebhabern. Der Mann mit dem Haarkranz zählt derzeit zu den gefragtesten Künstlern der Insel und feiert auch international Ausstellungserfolge: Rom, Barcelona, Hamburg – alles Stationen eines Jahres.

Von Galerie zu Galerie kann man sich durchfragen zu den Häusern der Kunstschaffenden, kann Atelierbesuche vereinbaren, Maler und Bildhauer kennenlernen. Ein paar Hundert Künstler leben und arbeiten auf Mallorca, manche Schätzungen sprechen von bis zu dreitausend – die nebenberuflichen mitgerechnet. Einheimische wie Joan March zählen dazu, der auf dem Bauernhof seiner Eltern bei Pollença malt und dessen mystische Werke für ein paar tausend Euro den Besitzer wechseln. Zugereiste sind unter ihnen wie der dänische Künstler Anders Nyborg, der die Winter hier verbringt: »Miró hatte recht. Das Licht verzaubert. Die Atmosphäre inspiriert. Und zudem: In den Wintermonaten ist es schlicht zwei Stunden länger hell als zu Hause in Dänemark.«

Nyborg kommt seit zwei Jahrzehnten regelmäßig hierher und hat längst auch künstlerisch seine Spuren auf der Insel hinterlassen, am augenfälligsten in Cala d'Or. Auf einem Kreisverkehr am Eingang des Ferienorts erhebt sich neun Meter hoch seine Stahl- und Eisenskulptur »Aves de Paso«, »Zugvögel«, eine Anspielung auf die Touristenschwärme, die vom Sommer hierher gelockt werden.

Wenn laute Opernmusik aus den Fenstern des Atelierhauses bei S'Horta dringt, dann ist Anders Nyborg in einer anderen Welt. Dann malt er sich in einen Rausch aus Farben, aus Flächen und abstrakten Kompositionen. Dann entstehen in dem versteckt gelegenen Atelier großformatige Werke aus Acryl und Öl auf Leinwand.

Nyborg, Jahrgang 1934, braucht diese Opernmusik zur Inspiration, neuerdings immer häufiger alternativ auch Jazz, dazu schwarzen Tee in rauen Mengen, nie Alkohol bei der Arbeit – sehr wohl aber Wein am Abend, am liebsten vom eigenen Weinberg, den er auf Mallorca besitzt und als Hobby-Winzer hegt und pflegt. Und er braucht die Farben, das Licht und die Atmosphäre von Inseln: »Wasser und Meer haben immer eine ungeheure Faszination auf mich ausgeübt. Ich kann ohne Wasser nicht leben. Inseln sind meine Heimat. Und oft male ich an einem halben Dutzend Bildern zugleich«, erzählt Nyborg. »Ich habe Leinwände im

Atelier nebeneinander stehen, und während eine Farbschicht trocknet, arbeite ich in der Zwischenzeit schon wieder am nächsten Bild. Manches ist nach einer Woche abgeschlossen, manches nach zwei Monaten noch nicht. Zum Beenden eines Bildes brauchst du totale Inspiration – und diesen Punkt erreichst du vielleicht einmal in der Woche.«

Nyborgs Nachbar war Jørn Utzon, der Architekt der Oper von Sydney, der mit seiner Frau zurückgezogen bei S'Horta gelebt und genossen hat, dass ihn auf der Insel kaum jemand kannte oder gar über die verschlungenen Pfade durch Mandelbaumreihen und Weinreben zu seinem Alterssitz fand. Utzons mallorquinische Zeichnungen wurden in einer kleinen Galerie in Manacor ausgestellt: dort, wohin fast nur Einheimische den Weg finden und kaum einer Deutsch versteht.

Die gewisse Leichtigkeit dieser Insel ist in der Kunst allenthalben spürbar. Kraftvolle, fröhliche Werke entstehen hier. Für düstere Traurigkeit ist kein Platz. »Ich könnte woanders nicht leben, nicht arbeiten«, schwärmt zum Beispiel Riera Ferrari. »Ich würde diesen Sonnenaufgang vermissen. Und unsere Steilküste! Die Felsen hier sind Anfang und Ende der Zeiten, sind spannender als Strände oder Wiesen. Die wären mir zu kurzlebig.«

Mallorca ist zudem kunstsinnig. Junge Maler haben hier alle Chancen für einen guten Start, bekommen Ausstellungen in Bars oder Restaurants, in einer der zahllosen Galerien in Palma wie in den Dörfern, wo niemand damit rechnen würde. »Sammler können hier heute leichter Entdeckungen machen als in den Kunstmetropolen Paris oder New York«, erzählt Galerist Toni Marquet aus Pollença, der selber Maler ist: »Weil alles überschaubarer ist – die Szene, der Galeriemarkt. Sie müssen nicht von New York nach Los Angeles fliegen, um ihren Eindruck eines Künstlers oder eine Stilrichtung in einer zweiten Galerie abzurunden. Sie nehmen einfach den Leihwagen und fahren von Palma nach Manacor oder hier in den Inselnorden.«

Auch Mäzenatentum ist ausgeprägt vorhanden. Die Bankiersfamilie March etwa unterhält einen großen Skulpturengarten – zugänglich allerdings nur nach Voranmeldung im Rahmen organisierter Führungen. Darüber hinaus veranstaltet und fördert der Clan regelmäßig Ausstellungen in den Bankfilialen – Starthilfe für junge Künstler wie für den expressiven Bildhauer Rafel Sunyer Forteza.

Llorenç Ginard unterdessen zählt zu den wenigen, denen das Licht auf Mallorca vollständig egal ist. Für ihn ist die Insel schlicht seine Heimat, und nur das ist der Grund, weshalb er gerade hier arbeitet. Wenn Besuch an der Ateliertür in der Altstadt von Manacor klopft, ruft er aus der Dachluke »Moment!« und muss erst mal wie ein tagblinder Maulwurf ins Licht blinzeln und die völlig zugestaubte Hornbrille putzen.

Ginard arbeitet mit diesem Grauschleier vor Augen in einer düsteren und scheinbar seit Generationen nicht mehr aufgeräumten Kammer. Hier formt er expressive Skulpturen menschlicher Torsi. Licht fällt fast keines in den Raum hinein, und die Umgebung bedeutet ihm nichts: »Ich lebe für die Kunst, nicht für die Ordnung«, erklärt er augenzwinkernd. Andere honorieren diese Passion offenbar, denn seine Arbeiten sind verkauft, noch ehe er sie begonnen hat. Ruhm ist ihm dennoch egal, Showeffekte sind ihm fremd, und über spontane Besucher freut er sich. Auch das ist typisch für Mallorca: Kunst ist nicht als elitäre Minderheitenveranstaltung organisiert, sondern Alltag.

Zapatero mit Rajoy

Bei den letzten Schuhmachern von Inca

Er guckt ein bisschen traurig hinter seiner Brille hervor, wie er da im dunkelblauen Kittel neben einer uralten Nähmaschine mit gusseisernem Gestell steht und die Schultern hängen lässt. Nebenan rattert langsam ein kaum jüngeres Förderband. Es riecht nach Leder, nach Klebstoff, auch nach dem Gummi der Sohlen: »Leider«, sagt Pere Comas Bestard, »werden unsere Schuhe nicht oft nachbestellt. Sie halten zu lange.« Jetzt blitzt der Schalk in seinen Augen. Denn so sehr die Qualität zum Absatzhemmnis werden kann, so stolz ist er darauf.

Seine kleine Schuhfabrik in einer Wohnstraße im Zentrum von Lloseta bei Inca, einst das Herz der florierenden Schuhindustrie Mallorcas, beliefert seit der Gründung im Jahr 1940 Einzelhändler in ganz Spanien und in Portugal: »Aber deren Kunden brauchen leider auch keine neuen Schuhe, sofern sie mal ein Paar von unseren dort erstanden haben. Weil unsere eigentlich nie kaputtgehen.« Er scheint die alte Nähmaschine umarmen zu wollen und greift dann doch nach einem Paar hellbrauner Glattledersegelschuhe, die gerade auf dem Band angefahren kommen. Allein die hat er in den Größen vierunddreißig bis achtundvierzig und in neun Farben, einen kaum variierten anderen Schuh in drei Farbkombinationen im Sortiment. Jetzt lächelt er seine Tochter Xesca an, die Ende zwanzig ist, eigentlich als Grafikdesignerin arbeitet und vor vier Jahren halbtags in die Firma mit eingestiegen ist: »Um sie eines Tages zu übernehmen«, sagt der stolze Papa.

Nur noch vier Schuhfabriken gibt es auf Mallorca. Vor einem halben Jahrhundert waren es fast fünfzig, vor zehn Jahren noch gut ein Dutzend. Manche haben die Zeiten gar nicht überdauert, andere noch immer ihren Firmensitz auf der Insel, betreiben dort sogar vermeintlichen Werkverkauf – aber tatsächlich gefertigt wird fast alles im Ausland, vor allem in China, wo die Arbeit längst viel günstiger verrichtet wird.

In besten Zeiten lebten Tausende Familien gerade in der Inselmitte Mallorcas über Generationen von den Schuhfabriken. Was hier genäht wurde, was hier vom Band lief, das war ein Exportartikel.

Die Fabrik Calçats Comes S.L. hat noch im Jahr 2007 über dreizehntausend Paar Schuhe aus eigener Fertigung verkauft. In der Wirtschaftskrise rächte sich die Beschränkung des Vertriebs auf die besonders hart betroffene iberische Halbinsel, und 2010 waren es nur noch siebentausend Paar – die Hälfte dessen, was vor zehn Jahren mit Etiketten der Hausmarken Cabrit oder Apache ausgeliefert wurde.

Auch deshalb ist Xesca jetzt mit dabei. Sie soll den Look ein wenig modernisieren, die Marken ein bisschen trendiger aufstellen, witzige Farbkombinationen aus Sohlen und Oberleder erdenken. »Mein Vater«, sagt sie, »hängt sehr an den bisherigen Modellen, die teils schon von meinem

Opa stammen. Das ist nicht verkehrt, denn er hat die Erfahrung. Er weiß, was läuft. Aber es kann auch nicht ausschließlich so bleiben.«

Insofern geht es nicht um die Neuerfindung des Schuhs an sich, sondern darum, an ein paar Stellschrauben zu drehen, ein paar Details zu verändern. Und es wiederholt sich, was sich einst zwischen Vater und Großvater abspielte, als der das Familienunternehmen im Wettbewerb mit all den anderen mallorquinischen Schuhfabriken und zusätzlich mit denen von außerhalb neu aufstellen und die Palette erweitern wollte.

Der Gründervater hatte einst auf elegante Ausgehschuhe gesetzt. Die werden heute bei Cabrit und Apache gar nicht mehr hergestellt. Die letzten Paare stehen hochglanzpoliert hinter Glas in der kleinen Vitrine im Chefzimmer – als Erinnerungsstücke. »Opa hatte es nicht so mit dem Wandern«, erzählt Xesca. »Und Papa wandert gerne.« Er hat Cabrit seinerzeit mit neuem Leben erfüllt. »Zicklein« bedeutet das, und zeitweise war die Wohnzimmermanufaktur aus Lloseta auf Mallorca Marktführer für Wanderschuhe in Spanien. Noch heute hat die Marke unter Kennern Klang. »Früher«, erzählt Pere Comas Bestard, »wog ein einzelner Wanderschuh anderthalb Kilo. Heute bringt das gesamte Paar weniger auf die Waage. Nur noch ein Kilo oder darunter. Und Wandern ist zur Breitenbewegung geworden. Das ist noch immer ein Markt.«

Comas Bestard ist selber begeisterter Spaziergänger. Jedes Wochenende ist er vier, fünf Stunden auf Feldwegen und schmalen Pfaden im Gebirge unterwegs – und hat diebische Freude an den Reaktionen anderer Menschen, wenn er im Beisein Fremder nach seinen beiden Pointer-Rüden ruft. Der eine ist rot und heißt Zapatero. Das bedeutet auf Spanisch nicht nur »Schuhmacher«, sondern war auch der Familienname des langjährigen sozialistischen Regierungschefs, José Luis Rodriguez Zapatero. Der andere ist schwarz und hört auf den Namen Rajoy. Das bedeutet nichts weiter, aber ist ganz nebenbei der Nachname des langjährigen konservativen Oppositionsführers und nunmehrigen Regierungschefs, dem nichts wichtiger schien, als Zapatero nachzufolgen …

Vor allem die Wanderschuhe aus der Familienfertigung sind aus besonders dickem Leder genäht. Um diese Stärke zu erreichen, müssen die nordspanischen Rinder zwei bis drei Jahre alt werden. Das ist deutlich jenseits des üblichen Schlachtalters. Und manchmal sind dann schon Wunden in der Haut, sodass nur noch wenig vom Leder zu verwenden ist. Die Schuhe verteuert das, was die Marktchancen gerade in der Krise zunächst verschlechtert: »Aber immerhin, die Stammkunden kaufen alle zwanzig Jahre ein neues Paar«, sagt Don Pere nicht ohne Sarkasmus.

In seiner kleinen Fabrik beschäftigt er zehn Mitarbeiter. Einer stanzt von Hand die Grundform aus den gebeizten und zum Teil gefärbten Lederbahnen und muss die unter seine Maschine immer wieder neu so ausrichten, dass möglichst wenig Verschnitt anfällt. Ein paar Tische weiter wird genäht, auf geformte Rohlinge in den unterschiedlichen Schuhgrößen aufgezogen, dann mit der Sohle verbunden, geklebt, wieder genäht, imprägniert. Und als Letztes werden die Schnürsenkel einzogen – auch von acht weiteren Mitarbeitern, die in Heimarbeit ergänzen, was ohne Fabrikarbeitsplatz möglich ist.

Xesca ist optimistisch, dass die Familienfirma nicht nur erhalten bleibt, sondern wieder wachsen wird: weil sie die Ideen jetzt zusammenwerfen – ihre und diejenigen, die Papa beim Wandern mit Zapatero und Rajoy kommen. Und weil die Schuhe von so großer Qualität sind und sich das gerade in Zeiten von Billigprodukten und Massenware umso mehr herumsprechen sollte.

Neulich zum Beispiel klopfte jemand an der halb offenen Fabriktür in der Calle Cristòbal Colom in Lloseta. Er sei durch Zufall in der Gegend, mache Urlaub auf Mallorca. Und er habe da mal eine Bitte. Er habe Cabrit-Wanderschuhe gekauft, und nun seien die Sohlen abgelaufen, im Grunde kaum noch vorhanden. Aber ansonsten sei der Schuh großartig. Ob man ihn mal eben in der Fabrik neu besohlen könne? Am besten bitte mit den Sohlen, die original dafür vorgesehen waren – solchen wie denen, die jetzt so heruntergelaufen sind. »Sie sehen«, hat er gesagt. »Meine Lieblingsschuhe. Ich könnte neue kaufen, aber ich möchte diese behalten.« »Si«, und »claro«, hat Don Pere geantwortet – und den Schuh mal eben neu besohlt. Wann er den denn gekauft habe, wollte er von dem Mann noch wissen: »Ach, schon vor zwanzig Jahren«, hat der gesagt: »Die Dinger halten ewig.« Genau das ist es. Des Fabrikanten Glück und Leid zugleich.

Riese zwischen den Windmühlen

Dreh- und Angelpunkt: Mallorcas Inselflughafen ist ein Gigant – und das zeitweilige Zuhause Gestrandeter

Durch diesen Trichter müssen sie alle, durch stählerne Arme, die nach den ankommenden Flugzeugen greifen. Sie müssen über breite lange Korridore, können entscheiden, ob sie selber gehen oder sich auf Rollbändern elektrisch an allen anderen vorbeigleiten lassen wollen. Sie müssen über Rolltreppen, durch Schiebetüren. Über noch mehr Korridore. Sie passieren Reihen von Gepäckbändern, wartende Menschenmassen, die Schalter der Autoverleiher, müssen wieder durch Türen, nochmal über blank gewienerten Fußboden und dürfen endlich ins Freie: angekommen auf Mallorca.

Für manche wird es der längste Spaziergang ihres Urlaubs bleiben. Hundertfünfzig Meter sind es nun noch bis zum Parkhaus mit dem Mietauto. Oder achtzig Meter bis zum Reisebus, dreißig bis zum nächsten Taxi.

Acht Kilometer ist der Großflughafen Son Sant Joan vom Zentrum Palmas entfernt, zwei Fahrtstunden können es von hier aus bis zum entferntesten Zipfel der Insel werden – je nach Weg, ganz nach Art und Lage des Zieles. Und nach Jahreszeit, nach Verkehrsaufkommen. So groß Mallorca mit den dreitausendsechshundert Quadratkilometern Fläche ist – immerhin entspricht das der Größe des

Saarlands oder mehr als dem Achteinhalbfachen der Stadtfläche Wiens, dem Vierzigfachen Zürichs – und so sehr sich alles verteilt und verläuft, so nah führt der Inselflughafen Son Sant Joan doch alle für die erste halbe Stunde nach der Landung und für die letzte Stunde vor Abflug zusammen: Die unterschiedlichsten Menschen, Geschichten, Sehnsüchte. Diejenigen, die wegen der Ruhe kommen. Und diejenigen, die Krach machen und feiern möchten. Auf 250.733 Quadratmetern Terminalfläche mit vierundsiebzig sogenannten Fluggastbrücken, achtundachtzig Parkpositionen, fast zweihunderttausend Flugbewegungen im Jahr.

Im Flieger haben sie zusammengesessen, weil der Zufall es so gewollt hat. Am Gepäckband haben sie nacheinander und Seite an Seite die Arme nach ihren Habseligkeiten ausgestreckt, weil ihre Koffer keinerlei Berührungsprobleme hatten und dicht aneinandergedrängt unter den Plastiklamellen hervor ins Licht der riesigen Ankunftshalle gerumpelt kamen.

Die Blicke der meisten Menschen am Airport gelten nur der fehlerfreien und möglichst zügigen Identifikation des eigenen Gepäcks mit allem mitgereisten Hab und Gut darin. Sie gelten dem Auffinden der nächstgelegen Toilette, dem richtigen Leihwagenschalter oder dem passenden Bus. Selbst das Partypublikum hat jetzt noch kein Auge fürs Sixpack.

Kaum jemand hat hier Augen für jemand anderen. Die Leute konzentrieren sich aufs Ankommen, sind ganz damit beschäftigt, alles richtig zu machen und den kürzesten Weg nach draußen zu finden. Sie sind noch unentspannt und schauen dennoch schon irgendwie beseelt, weil die Luft, selbst die klimatisierte, anders riecht als zu Hause. Weil es wärmer ist, die Sonne scheint, das Licht diesen Zauber der Fremde ausstrahlt. Aber wirklich da, tatsächlich angekommen sind die meisten doch erst, wenn sie ihren Hotelzimmerschlüssel in der Hand halten oder die eigene Haustür aufgeschlossen haben. Dann, wenn die Koffer für die Dauer des Aufenthalts abgestellt sind und der Hinflug mit allem, was dazu gehört, der Vergangenheit angehört. Dann, wenn die Entspannung wirklich beginnt und fürs Erste keine Aufgaben mehr zu lösen sind.

Als Zivilflughafen eröffnet wurde dieser Airport bereits 1960 – und seitdem immer wieder erweitert. Son Sant Joan, umgeben von Ackerland, Windrädern, niedrigen Stallungen und Wohngebäuden, hat den Massentourismus erst möglich gemacht. 1962 wurden hier zum ersten Mal mehr als eine Million Passagiere abgefertigt – eine gewaltige Zahl für die damalige Zeit. Und mehr noch für einen Inselflugplatz. Bereits 1965 war die Zwei-Millionen-Grenze überschritten. 1980 waren es sieben Millionen Menschen, sechs Jahre später zehn und 1995 schließlich mehr als fünfzehn Millionen.

Knapp dreiundzwanzig Millionen Menschen sind es momentan im Jahr, die die Flure von Son Sant Juan durchlaufen. Etliche davon sind Umsteiger, die bloß von Gate zu Gate springen und gar nicht vorhaben, einen Schritt auf mallorquinischen Boden zu setzen. Von den anderen kommen die allermeisten ihres Urlaubes wegen. Von einem bis zu fünf Sternen erwartet sie alles, vom preiswerten Bett im *hostal* bis hin zum eigenen Haus.

Sobald sie den Flughafen verlassen, werden Wünsche und Wahrnehmung, Ansprüche und Erwartungen wieder völlig verschieden sein. Tatsächlich merkt man nur hier am Airport, wie vielfältig diese Insel sein muss angesichts der krass unterschiedlichen Zielgruppen, die sie anspricht. Nur hier laufen ihre Protagonisten nebeneinander her Richtung Ausgang, schlurfen Seite an Seite über den spiegelblanken Fußboden. Vom Kind bis zum Rentner, vom Schnäppchenurlauber bis zum steinreichen *Finca*-Besitzer, vom spätpubertierenden Zwanzigjährigen mit Schnapsflasche in der Hand bis zum sportlich-legeren Ehepaar mit Kulturreiseführer im Handgepäck.

Sie alle erreicht diese Insel – auch, weil sich ihre Wege nur hier am Flughafen kreuzen. Ansonsten sehen sie einander nicht, haben keine anderen Gemeinsamkeiten, keine Berührungspunkte. Die einen werden niemals in der Party-Kneipe Oberbayern, nie und nimmer in der Schinkenstraße von El Arenal anzutreffen sein, die anderen nicht an den stillen Badebuchten östlich von Colonia de Sant Jordi aufkreuzen, die nur zu Fuß zu erreichen sind, nie einen Schritt in eine Olivenplantage setzen – oder in eines der Villengebiete von Andratx.

Der Vorgängerflughafen Son Bonet nur vier Kilometer von Palma, offiziell eröffnet bereits 1920, hätte sich an diesen Besuchermassen überhoben. Nie und nimmer hätten sie dort abgefertigt werden können. Es gibt nur eine Bahn, sie ist nur einen knappen Kilometer lang. Im Vergleich ist dieser Platz ein niedliches Relikt aus ferner Vergangenheit. Wo einst die ersten Flugtouristen der Insel abgefertigt wurden, starten und landen heute nur noch kleine Privatmaschinen, Hubschrauber – und die Löschflugzeuge, die bei Waldbränden eingesetzt werden.

Schon Ende der fünfziger Jahre hatte sich der stadtnahe Airport als nicht mehr erweiterbar erwiesen – ein Argument, das die staatlichen Stellen selbst während der Franco-Herrschaft davon überzeugte, den weiter außerhalb gelegen und bis dahin militärisch genutzten zweiten Airport Son Sant Joan herzugeben und zum zivilen Drehkreuz zu machen.

2015 soll er durch Um- und Anbauten in der Lage sein, bis zu achtunddreißig Millionen Passagiere pro Jahr abzufertigen. Nach der letzten Erweiterung waren es zweiunddreißig Millionen, wobei der Airport regelmäßig während der Hauptferienzeit im Sommer am Rande seiner Kapazität arbeitet und nur während des Winterhalbjahrs noch Raum bietet.

Immer war die Insel gewissen Popularitätsschwankungen unterworfen, musste sich Klischees und sogar Schimpfworte gefallen lassen. Eines hat sie längst abgestreift: das der »Putzfraueninsel«, das ihr übelmeinend angehängt worden war. Dabei gibt es die Putzfrauen wirklich, sie kommen noch immer hierher. Und sie sind gern gesehen, hochwillkommen sogar – erst recht, seit auch all die anderen kommen. Die Arbeitgeber der Putzfrauen zum Beispiel. Es muss irgendwann Ende der achtziger, Anfang der neunziger Jahre gewesen sein, dass Mallorcas Tourismusstrategen gezielt den Weg weg von der Billiginsel eingeschlagen haben – hin zum Ziel für alle und besonders gerne für die, die möglichst viel Geld in die Inselökonomie investieren. Der Bauboom brach aus, Villen entstanden, *Finca*-Ruinen wurden zu prachtvollen Landhäusern zurechtrenoviert.

Alles, was hochpreisig ist, funktioniert hier bis heute besser als anderswo. Die meisten Luxushotels rechnen sich, die Golfplätze, teure Restaurants und edle Boutiquen fern der finanziellen Möglichkeiten einer Putzfrau. Der Airport ist dabei für die Momente der Ankunft und der Abreise der Schmelztiegel, der all jene Menschen zusammenbringt, die ein Ziel, vielleicht eine Sehnsucht gemeinsam haben: Mallorca. Abstand vom Alltag wollen sie hier finden, es unbeschwert haben.

Heute will man auf der Insel über das Billigsegment nicht mehr gerne reden, es am liebsten unsichtbar machen, Ballermann-Schlagzeilen vermeiden – aber diese Urlauber trotzdem nicht missen. Denn auch sie sorgen für Auslastung: der Hotels, der Gaststätten, der Flieger. Und des Flughafens. Es würde zu still werden in den Korridoren von Son Sant Joan, an den Gepäckbändern, im Duty-free-Shop ohne den Billigtouristen, den sparsamen Urlauber, den Partygänger aus dem Oberbayern, der im Zwei-Sterne-Hotel absteigt. Es wäre schlecht, wenn er sich hier nicht mehr gemocht fühlte. Er gehört dazu. Und eigentlich fällt er meistens gar nicht so sehr auf.

Und würde es nicht nach wie vor so viele davon geben, wäre das Netz der Flugverbindungen deutlich dünner. Das wiederum wäre schlecht für die Inselökonomie. Denn dann wäre die Anreise für die Reicheren komplizierter. Womöglich hätten sie ihre *finca* woanders, würden ihr Geld mit beiden Händen an einem besser erreichbaren

Ferienziel ausgeben. Die Flughafenstatistik liest sich deshalb wie der Geschäftsbericht der Insel. Viele Starts und Landungen, dichte Flugpläne, neue Verbindungen, zusätzliche Abflüge, größere Maschinen – solche Nachrichten gelten hier deshalb als Erfolgsmeldungen. Sie drücken aus, dass weiterhin Gäste kommen. Und dass es womöglich sogar wieder mehr werden könnten. Und sie verheißen Hoffnung, dass jeder Einzelne davon irgendwie und unterschiedlich intensiv die Kassen etlicher Insulaner zum Klingeln bringt.

Es gibt sogar Menschen, die sich am Flughafen Son Sant Joan häuslich niedergelassen haben – Menschen, die dort wohnen. Niemand hat sie dazu gezwungen, und jeder von ihnen kann sich ein schöneres Leben vorstellen. Und trotzdem ist der Daueraufenthalt im Terminal für sie die bessere Wahl: Es gibt Bänke, auf denen man auch schlafen kann, Sitze zum Lesen oder Essen, kleine Ablagen für die Verpflegung. Es gibt Toiletten, Waschbecken, die Möglichkeit, die Zähne zu putzen. Die Sommer sind nicht zu heiß, die Winternächte nicht zu kalt, der Wind bleibt ausgesperrt. Von sechs Dauerbewohnern des Flughafens berichtet die Zeitung *Diario de Mallorca*. Es sind Menschen, die hier gestrandet sind.

Zeitweilig war eine Deutsche darunter, die »die Katzenfrau« genannt wurde, weil sie sich gemeinsam mit Kater Mumus in ihr Schicksal gefügt hatte. Sie hatte sich mit drei Koffern, einer Decke und vielen Büchern abwechselnd an unterschiedlichen Stellen des Gebäudes eingerichtet. Ihr Leben passte auf eine Gepäckkarre. Den Urlaub all der anderen hat sie vorbeiziehen sehen. Arbeitslosigkeit hatte sie ins Terminal gespült. Von hier aus versuchte sie, wieder in Lohn und Brot zu kommen, während Freunde sie mit ein bisschen Geld und den nötigen Nahrungsmitteln versorgten.

Zwischenzeitlich war sie ungewollt zur Lokal-Berühmtheit avanciert, nachdem sie in der deutschen *Bild*-Zeitung ebenso wie im spanischen Fernsehen aufgetaucht war. Lieber hätte sie in Ruhe weiter in einem ihrer Bücher gelesen. Und eines Tages war sie plötzlich aus dem Terminal verschwunden. Zurück in ein geordneteres Leben, an einen ruhigeren Ort mit mehr Privatsphäre.

Und was mit den Menschen ist, die hier aus den Flugzeugen steigen und sieben, vierzehn oder einundzwanzig Tage später wieder abfliegen? Die meisten von ihnen kommen irgendwann wieder. Warum Sie zurückkehren? Weil es El Arenal gibt. Und das Gegenteil davon. Weil der Platz für alle reicht. Weil der Himmel ziemlich häufig blau ist, weil die Sonne scheint, es Strände gibt. Und eine Vielzahl von Flugverbindungen. Rund ums Jahr, an jedem Tag.

Plokk in Palmas »palacios«

Einmal Mallorquiner sein: herrschaftlich in der maurischen Altstadt wohnen

Diese Nacht war es laut im Innenhof mitten in der Altstadt von Palma. Eine Orange ist vom Baum gefallen, irgendwann weit nach Mitternacht. Nur der Mond hat zugesehen, und es machte so etwas wie plokk, als sie auf die fünf Jahrhunderte alten Terrakottafliesen schlug. Normalerweise ist es leiser, normalerweise ist die Nacht nicht so unruhig im Stadtpalast Dalt Murada an der Carrer Almudaina in Palma de Mallorca. Umgebungsgeräusche sind ausgeknipst, und der Weckruf ist üblicherweise erst zum Sonnenaufgang vorgesehen – ein melodisches Kammerkonzert im Innenhof. Niemand koordiniert, niemand dirigiert die Akteure. Sie sitzen auf den Balustraden der Balkone, hocken auf den hohen Ziegeldächern und in den Wipfeln des Orangenbaumes: eine Schar Finken und Amseln. Jeden Morgen singen sie ihre Ode an den neuen Tag. Danach schweigen sie und halten *siesta*, um neue Kraft für den nächsten Sonnenaufgang zu tanken.

Es ist, als ob die Gegenwart ausgeblendet wäre und im Innersten der mallorquinischen Hauptstadt nur zeitlose Geräusche zugelassen wären. Das Knarzen der zwei Meter hohen Fensterläden rund um den *patio* gehört dazu, wenn sie sich morgens öffnen und verschlafene Gesichter in den Hof blicken. Von außen schallt nur der Glockenschlag der Kathedrale Sa Seu aus dreihundert Meter Luftlinie Entfernung herüber – ein Klang, der Geborgenheit vermittelt.

Über ein Dutzend außergewöhnlicher kleiner Hotels gibt es inzwischen in der Altstadt von Palma – darunter ein umgebautes Kloster und etliche renovierte Stadtpaläste, meist nur wenige Gästezimmer groß, mit meterhohen Decken, schweren Flügeltüren, Gobelins an den Wänden, mit kleinen Balkonen und viel Atmosphäre. Das Dalt Murada ist eines davon.

In den Seitenstraßen, die manchmal zu schmal für ein Auto und immer zu eng für Reisebusse sind, ist Palma eine stille Stadt: keine Spur von der Hektik des sechsspurigen Passeig Maritim, kein Hupkonzert, kein Geschiebe der Parkplatzsucher, kein Gedränge von Passanten – und ein ganz anderes Hotelerlebnis als an den Stränden: eher, als ob man eine Ferienwohnung genommen hätte oder privat zu Besuch wäre. Ein bisschen, als ob man dazugehörte, einen Kurzurlaub lang Bürger Palmas wäre. Es fühlt sich an, als gäbe es kaum andere Touristen. Und niemals ahnt man, auf Europas beliebtester Ferieninsel zu sein.

Palma ist als Städtereiseziel bislang Minderheitenprogramm geblieben, als Shopping-Destination noch nicht im Blickpunkt, als Kulturziel zahllosen Konzerten und Museen zum Trotz recht unbeachtet. Eine der schönsten Metropolen Spaniens reduziert zum Tagesausflugsziel für Badeurlauber? Palma hat mehr verdient, gilt als eine der besterhaltenen mittelalterlichen Städte Europas und wartet dennoch auf ihre Entdeckung.

Gegründet wurde sie vor über zweitausendeinhundert Jahren von den Römern als Palmaria Palmensis. Medina Mayurca hieß sie in der Zeit der Maurenherrschaft von 902 bis 1229, an die die arabischen Bäder ebenso erinnern wie der Almudaina-Palast. Der gesamte Kern der Inselhauptstadt ist maurischen Ursprungs, in seiner heutigen Struktur über tausend Jahre alt, unübersichtlich, verwinkelt, eng – eine Medina mit hohen, oft nahezu fensterlosen Fassaden Richtung Straßenseite, mit wehrhaften Mauern zum Schutz vor Piratenüberfällen, vor einfallenden Eroberern.

Das Leben der Menschen im Stadtkern orientiert sich seit Jahrhunderten weg von der Gasse, hin zum Innenhof, zu den versteckten grünen Oasen zwischen all den Ziegelsteinen. Dort blühen Oleander und stehen kleine Mosaiktische im Schatten von Orangen- und Zitronenbäumchen. Das ist es, was den kleinen Stadthotels ihre Heimeligkeit verleiht. Sie müssen ohne Vorfahrt auskommen, und ihre Rezeptionen verbergen sich meist hinter einem normalen Hauseingang.

Eine Vorschrift zwingt die Bewohner, tagsüber ein Tor zur Straßenseite offen zu halten oder durch ein schmiedeeisernes Gitter zu ersetzen, damit Fremde die Pracht der historischen Höfe einsehen können. Noch immer halten sich nicht alle daran. Dabei bekam man zeitweilig sogar das Geld aus der Stadtkasse erstattet, wenn man Umbaumaßnahmen vornehmen lassen musste, um der Verordnung gerecht zu werden.

Palma konnte es sich lange leisten, bei der Erhaltung des historischen Gesichts spendabel zu sein. Die Gemeinde hatte sogar so viel Geld, auf Müllabfuhr und hässliche Tonnen in der Altstadt verzichten zu können. Jahre hat es gedauert, sämtliche Gassen aufzugraben und ein Netz aus Rohren zu verlegen, durch die der Müll nun im Vakuumverfahren unterirdisch aus Einwurföffnungen abgesaugt und wegtransportiert wird. So etwas leistet sich nur, wer keinerlei andere Sorgen hat. Das System ist da, funktioniert, wird genutzt und gepflegt – nur bauen würde es heute niemand mehr. Palma geht es auch nach Ausbruch der Wirtschaftskrise, die Spanien viel schlimmer und länger im Griff behält als etwa Deutschland, verglichen mit anderen spanischen Städten gut – aber eben nicht mehr sehr gut. Dem Müll gilt heute nicht mehr die erste Sorge der Regierung.

Auf dem Kathedralenhügel, der nun von dem modernen Müllentsorgungssystem untertunnelt ist, haben einst die Aristokraten Palmas gewohnt. Fassaden von schlichter Schönheit tragen den Staub der Jahrhunderte in den Poren des Sandsteins. Mehr und mehr dieser *palacios* wurden nach und nach restauriert und oft teuer verkauft. Bis zu sechstausend Euro kostete ein Quadratmeter sanierter Wohnfläche auf dem Kathedralenhügel zu besten Zeiten – und bei Topobjekten sind die Preise kaum eingebrochen. Wer ähnlich schön wohnen will, ohne sich dauerhaft ein solches Quartier leisten zu können, gehört zur Klientel der kleinen Altstadthotels.

Die Zugezogenen, mit oder ohne Eigentumswohnung im Innenstadtpalast, hocken in der Mittagszeit gerne unter Sonnenschirmen im Café Lírico an der nahe gelegenen Avinguda d'Antoni Maura. Sie sitzen nicht primär dort, um gesehen zu werden. Aber viele andere gehen vorbei, um zu schauen – so lange, bis sie sich irgendwann einfach dazusetzen. Dieses Café ist Laufsteg und Bühne Palmas zugleich. Für die Anwohner gehört es zum Alltag.

Tiefer in der Altstadt sind die Bars kleiner, ist die Atmosphäre privater, muss keiner nach dem einen bekannten Gesicht suchen. Dort kennen einander alle, sind Nachbarn, Freunde und womöglich auch Feinde einander vertraut. Sie hocken an zwei winzigen Tischchen vor der Tür, die alten und jungen Altstadtbewohner, ein Mönch aus dem Kloster Sant Francesc, die Blumenfrau aus der Markthalle an der Plaça de l'Olivar, oder stehen drinnen an der Bar. Diesen Nachmittag haben sich draußen zwei Fremde dazugesetzt, die eben zwei Querstraßen weiter aus dem Hotelflur in die Gasse hinaus getreten sind. Sie blättern in einem Reiseführer – und sofort beugen sich alle gemeinsam über einen Stadtplan und beraten über das Programm der beiden.

Wäre da nicht diese Kleidung, wären die Straßennamen auf den Plaketten an den Kreuzungen nicht auf Mallorquin – die Szene könnte auch in einer arabischen Medina spielen. Statt Wasserpfeifen rauchen die Leute Zigarren oder Zigaretten. Sie palavern, lachen, flüchten sich keineswegs in Anonymität. Sie hocken da und genießen den leichten Wind, der von den Ziegeldächern der Stadtpaläste in die engen Gassen fällt.

Die Geschäfte in diesem Viertel der Altstadt sind kaum auf Fremde eingestellt. Es gibt dort die Dinge des Alltags: warme *ensaïmadas* frisch aus dem Ofen einer winzigen Bäckerei, eine Wand voller *Sobrassada*-Würste in der engen *charcutería*, der

Metzgerei, gegenüber. Und eine Straße weiter unverhofft eine Galerie mit modernen Ölgemälden und Skulpturen aus rostigem Eisen im Fenster. Die Altstadt bewahrt alte Strukturen und ist doch im Wandel begriffen.

Wer das Gassengewirr des maurischen Viertels verlässt, in fünf Minuten Fußweg die Plaça Mayor erreicht, die Fußgängerzonen, die breiten Einkaufsstraßen wie die Avinguda Jaume III. mit ihren Markenartikeln, wechselt die Welt und ist doch immer noch im Zentrum Palmas. Hier ist die Gegenwart zu Hause. Die Menschen kaufen ein, behängen sich mit bunten Tüten voller Beute, mit Schriftzügen von El Corte Ingles bis C&A. Irgendwann steigen die weitaus meisten von ihnen in ihre Busse, klettern ein paar Geschosse in den Untergrund zu ihren in Tiefgaragen abgestellten Autos und verschwinden wieder in Richtung der Ferienorte.

Diejenigen, die die Altstadtatmosphäre suchen, um nachts das Plokk der herunterfallenden Orange zu hören, sind abends bald wieder unter sich, teilen die Gassen zwischen Plaça Mayor und Kathedrale mit den einheimischen Bewohnern der Altstadt.

Irgendwo in der Carrer Almudaina übt jemand hinter einem geöffneten Fenster Geige, und auf der Stadtmauer vor Sa Seu küsst sich ein letztes Liebespaar. Am nächsten Abend wird hier ein bisschen mehr los sein. Denn Schubert und Bach werden zu Besuch kommen – gespielt von einem Sinfonieorchester im Inneren der Kathedrale.

Und während in der Medina kaum Schatten im fahlen Licht der Laternen durch die stillen Gassen huschen, wird fünf Fußminuten weiter westlich getafelt: in den Restaurants in den Seitenstraßen der Plaça Llotja, wo sich die *tapas* auf den Tischen türmen. Es ist schwer, hier die Orangen fallen zu hören. Das hat drei Gründe: Es sind viele Fremde hier unterwegs, um nach dem richtigen Restaurant fürs Abendessen zu suchen. Es gibt kaum Bäume in den kleinen Höfen dieser Gegend, und die Musik in den Bars würde jedes Plokk übertönen. Schlimm ist das nicht, denn die Musik ist schön. Und der Zeitsprung zurück in die Stille des Mittelalters dauert nur hundertzwanzig Schritte.

Christmas-Shopping in Palma

Einkäufe unter südlicher Sonne: Spaniens reichste Stadt in der Vorweihnachtszeit

Der Himmel hängt voller Würste – in der Vorweihnachtszeit mehr noch als zu jeder anderen Jahreszeit. Sie baumeln in den Türrahmen der Spezialitätengeschäfte in der Altstadt von Palma de Mallorca, von den Decken der Metzgereien, hängen am Gestänge mancher Markisen. Im Dezember ist Hochkonjunktur für *sobrassadas*, die süßlich-aromatischen mallorquinischen Streichwürste. Bei den meisten Einheimischen stehen sie traditionell auf dem Speisezettel für den ersten Weihnachtsfeiertag, wenn mit Vorliebe Spanferkel damit gefüllt werden.

»*Sobrassada*«, sagt Pedro Amengual, »verändert alles und immer zum Besseren. *Sobrassada* gibt jedem Gericht den letzten Schliff.« Er muss es sagen, denn er verkauft in seinem kleinen Laden an der Calle Sant Domingo im Stadtzentrum fast nichts anderes – wie vor ihm sein Vater, sein Großvater und der Uropa. Wie seit über hundertzwanzig Jahren – und am besten laufen die Geschäfte zu Weihnachten. Das Schönste am Würsteverkaufen im Dezember? »Du kannst zwischendurch kurz zum nächsten Café laufen, eine *Horchata*-Erdmandelmilch bestellen und an einem Tischchen im Freien Sonne tanken. Wie bei euch im April!« Und er hat doch ein bisschen übertrieben. Als ob er es zugeben wollte, zupft er ganz nebenbei den dunklen Winterpulli zurecht.

Gleichwohl, die Temperaturen hier bewegen sich im Monatsschnitt nie unter vierzehn und steigen an schönen Tagen mitten im kalendarischen Winter schon über die Zwanzig-Grad-Marke – und an schlechten können sie auf fünf Grad fallen. So oder so ist die Sonne für Pedro Amengual etwas Besonderes. Denn vom Tresen seines engen, schlauchförmigen Ladens aus sieht er sie nicht. Hunderte Würste verhängen den Blick, dazu ein paar dicke Schinken.

Palma de Mallorcas Karriere als Ziel für den Städtekurzurlaub steckt noch in ihren Anfängen – als Shoppingziel gerade vor Weihnachten ist die Inselmetropole umso mehr ein Geheimtipp. Dabei gilt Palma, gut vierhunderttausend Einwohner stark, als die reichste Stadt Spaniens mit entsprechender Kaufkraft – Krise hin oder her.

Das sorgt für Weltstadtauswahl und hat längst auch internationale Edelmarken angelockt, die ihre Boutiquen vor allem entlang der Avinguda Jaume III., der Plaça del Rei Joan Carles I. und des Passeig des Born in der Innenstadt eröffnet haben. Die Palette reicht von Loewe bis Prada, von Massimo Dutti bis Armani. Und nebenbei gibt es ein paar Straßen weiter noch die Boutiquen der gefeierten mallorquinischen Modedesigner Tolo Crespí und Xisco Caimari.

Eine Firma leistet sich sogar einen bulligen Aufpasser mit Schirmmütze und dunkler Uniform neben dem Portal. Weniger weil etwas geschehen könnte – eher weil es hübsch fürs Image ist und die Preiszettelchen an den Geschmeiden hinter der

Ladentür auf Anhieb glaubwürdiger wirken lässt. Wachmann Jorge muss stets mit Blicken prüfen, wen er zu den teuersten Klunkern vorlässt und wen er beim Herausgehen aus der Cartier-Filiale sicherheitshalber nochmal kurz stoppen sollte. In der Vorweihnachtszeit ist ein bisschen mehr los als sonst beim Edeljuwelier, doch auch im Sommer läuft das Geschäft nicht schlecht. »Vor Weihnachten wird mehr eingewickelt«, hat Jorge beobachtet. »Alles Geschenke für die Feiertage. Im Sommer wird gemeinsam ausgesucht – und der neue Ring oder die edle Kette gleich angelegt.«

Direkt gegenüber betreibt einer der erfolgreichsten Einzelhändler Palmas sein Geschäft. Miquel Solivellas verkauft dort Eiskugeln – im Winter so viele wie im Sommer: »Weil es viele warme Wintertage gibt. Und weil viele Einheimische das Eis in Styropor verpacken lassen und als originelle Beilage zu großen Advents- oder Weihnachtsmenüs mit nach Hause nehmen – mit Vorliebe die Geschmacksrichtungen Gamba, Avocado und Roquefort, die im Sommer schlecht laufen. Die passen sehr gut zu Salaten«, erzählt er. Zweiundneunzig verschiedene Sorten hat Miquel Solivellas in seiner Eisdiele Ca'n Miquel im Sortiment, darunter allein vierundzwanzig verschiedene Schokoladenvarianten. Welche er selber am liebsten mag? Zu Weihnachten und auch sonst? »Jamaica-Schokolade«, antwortet er sofort. »Und Gamba.« Und welche der Wachmann drüben von Cartier in der Pause am liebsten holt? »Der mag Erdbeer, die Kugel mit Waffel für einen Euro sechzig«. Er grinst und winkt hinüber zur anderen Straßenseite.

Die vielen Würste, dazu die mit Tannenzweigen, Weihnachtsmännern und Leuchtgirlanden in den Schaufenstern geschmückten Läden und die Lichtsterne über den Einkaufsstraßen der Innenstadt sind sicheres Indiz dafür, dass das Fest nicht mehr fern ist.

Rund hunderttausend Lämpchen umfasst zudem die Llums-de-Nadal-Beleuchtung, die jedes Jahr Mitte November in den Innenstadtstraßen Palmas montiert und kurz vorm ersten Advent angeknipst wird, wenn es trotz Sonne und frühlingshafter Temperaturen plötzlich nach gebrannten Mandeln, Zuckerwatte und gerösteten Esskastanien riecht. Die Stadt bleibt bis zum 6. Januar ins weihnachtliche Lichtermeer getaucht, denn traditionell gibt es die Geschenke in Spanien erst am Tag der Heiligen Drei Könige – auch die Glasbläserarbeiten, handgeschnitztes Kinderspielzeug und Töpferwaren, die über die Tresen der Kunsthandwerker-Holzbuden auf dem großen Plaça-Mayor-Weihnachtsmarkt hinweg unter hoch über dem Platz aufgehängten Leuchtkugeln und Glitzersternen verkauft werden.

Die rechteckigen Hütten haben Sträflinge im Rahmen eines Gefängnisprojekts für die Stadt gebaut. Nur scheinen die reumütigen bösen Buben bei der Konstruktion die Zunftgenossen von einst nicht ganz aus dem Gedächtnis verloren zu haben: Die solide gezimmerten Buden haben außergewöhnlich viele Nägel, Riegel, Scharniere und sehen ebenso ein- wie ausbruchssicher aus.

Ob silberne Stiefel, violett lackierte Turnschuhe, orangefarbene Handtaschen, Lederbeutel im Leoparden-Look, knallrote Kinderbademäntel mit weißem Polyacryl-Pelzkragen in Weihnachtsmannoptik oder Ketten aus Edelkunstperlen: alles zu haben in den Straßen von Mallorcas Inselhauptstadt. Wer mag, kann zum Beispiel an der Avinguda Jaume III. achthundert Euro für ein Sakko hinblättern und gleich noch einen Kaschmirpullover für zweihundertfünfzig mitnehmen – oder irgendwo zwischen Plaça Mayor und Plaça Olivar schicke Schuhe für bloß fünfunddreißig Euro erstehen – sofern er am Weihnachtsmann vorbeikommt. Santa Claus steht dort fast lebensgroß, aber aus Kunststoff und mit Mechanik im Oberkörper im engen Eingang eines Schuhgeschäfts. Wenn er gerade wippt wie der Duracell-Hase auf Ecstasy, kann einige Momente lang keiner mehr heraus – ein Vorteil für den Geschäftsinhaber. Aber leider kann auch keiner hinein, und mancher macht einen erschreckten Sprung zur Seite und rempelt womöglich den Maronenröster in der Straße. Aber der kennt das schon: »Es sind ja jedes Jahr nur ein paar Wochen, in denen sich der Weihnachtsmann so breitmacht«, sagt er. Und röstet ungerührt weiter.

Karussell und Hüpfburg vor der Markthalle Mercat de l'Olivar interessieren derweil nur ein paar tütenbepackte Mütter. Die Kinder spielen lieber auf der Freifläche daneben Fußball – wie im Frühjahr, im Herbst. Und im Sommer. Bis der Glockenschlag der Kathedrale Sa Seu über die Dächer sinkt, die Metalljalousien vor den Schaufenstern und Türen der Läden mit Karacho heruntergelassen werden, Pedro Amengual die Gardine aus Würsten vor seinem Tresen zuzieht und Feierabend macht – um ein Spanferkel weihnachtlich mit *sobrassada* zu füllen.

Sonnenseiten

Der deutsche Buchladen in Palma

Seit 1996 verkauft er Bücher, ohne je die Begeisterung dafür verloren zu haben: vielleicht, weil er sie auf Mallorca verkauft. Vielleicht auch, weil seine Kunden sich ein kleines bisschen mehr daran erfreuen als anderswo. Es liegt daran, dass sie ein kleines bisschen länger warten müssen, denn von den weit über eine Million lieferbaren Titeln in deutscher Sprache hat Edgar Knerr nur wenige Tausend in den Regalen. Gewisses Warten schürt schließlich die Vorfreude. Und was will man mehr, als in der Sonne warten zu können, auf der Terrasse der eigenen *finca*. Oder irgendwo am Strand. Hauptsache auf Mallorca.

Zu Edgar Knerr jedenfalls kommen die deutschsprachigen Residenten der Insel: die Leute, die ein Haus auf Mallorca haben – weniger die Urlauber, die Strandlektüre suchen und nur zwei Wochen bleiben. Seinen Laden findet man, obwohl im Zentrum Palmas gelegen, nicht unbedingt durch Zufall. Man muss wissen, wo er ist, die kleine Straße Carme gezielt ansteuern, an der Sprachschule im Erdgeschoss der Hausnummer vierzehn vorbei die Treppe in den ersten Stock in die Räumlichkeiten einer ehemaligen Apotheke steigen.

Dort betreibt der gebürtige Sauerländer die deutschsprachige Buchhandlung seit anderthalb Jahrzehnten im selbst gewählten Exil – getragen vom Stammpublikum. »Unsere Sortimentstiefe ist viel geringer als in den meisten Buchhandlungen Deutschlands«, erzählt der Vater von Zwillingen. »Das Geheimnis liegt eher darin, dass wir selbst hier im Ausland jedes lieferbare deutsche Buch zum Originalpreis beschaffen können und anders als Online-Anbieter auch noch schneller liefern – ohne horrende Aufschläge fürs Auslandsporto. Zweimal die Woche bekommen wir alle gewünschten Bücher per Luftfracht direkt vom Grossisten aus Deutschland.«

Seine Stammkunden kommen deshalb oft mit langen Listen nach Palma gefahren, stöbern ein bisschen in den Regalen zwischen Kochbüchern und Esoterik, zwischen Krimis und gedruckten Sprachkursen nach zusätzlichen Zufallstreffern – und ordern dann, was auf ihrem Zettel steht, um all das zwei oder drei Tage später im ersten Stock bei Edgar Knerr abzuholen: gänzlich frachtfrei, sofern kein einzelnes Buch mehr als ein Kilo wiegt. Liegt es darüber, werden fünf Prozent Aufschlag fällig – sofern man in den Club der Buchhandlung eingetreten ist, einmalig drei Euro gezahlt und sich damit so etwas wie einen Stammkundenstatus erkauft hat.

Knerr hat seine Nische in einem schwierigen Markt gefunden und nicht bereut, damals seine Stelle als Sprachlehrer am Goethe-Institut in Madrid zu Gunsten Mallorcas und der Bücher aufgegeben zu haben: »Wir haben hier ein sehr gut informiertes Publikum. Die Leute lesen *Zeit* und *FAZ*, schauen deutsches Fernsehen und wissen, was sie suchen.«

Was denn gerade besonders gut läuft? Er lacht.

»Esoterik. Und alles, was mit Weltuntergang zu tun hat. Warum auch immer.« Er lässt im Dunklen, wie ernst er das meint und zeigt stattdessen auf das Regal mit Mallorca-Liebesromanen und Inselkrimis: »Hier funktioniert alles prächtig, was mit dieser Insel zu tun hat. Ob Heinrich Breloers ›Mallorca, ein Jahr‹ oder leichte Sommerlektüre. Ob Reiseführer, Restaurant-Guide oder Kochbuch.« Axel Thorers »Lexikon der Inselgeheimnisse« füllt gleich in mehreren Exemplaren das Regal und zählt zu den Bestsellern der Buchhandlung.

Trotzdem vertraut Edgar Knerr nicht allein dem Handel mit den gebundenen Sonnenseiten: »Es ist immer besser, auf mehreren Beinen zu stehen.« Und so betreibt er auch die Sprachschule im Erdgeschoss. Ganz nebenbei beschert sie ihm Käufer, die im ersten Stock die Lehrbücher erstehen. Und im kleinen Buch-Café, dem dritten Standbein, einen Kaffee bestellen.

Was er gerade selber liest? »Gerade angefangen, ein Buch auf Spanisch, unbekannter Autor, noch nicht ins Deutsche übersetzt.« Nichts fürs Sortiment. Noch nicht.

Auf dem Rücken des Drachen

Mallorcas »Dracheninsel« Dragonera

Zweimal nur war etwas los im ruhigen Arbeitsleben von Llorenç Vanrell. Einmal kam ihn der spanische König besuchen, das andere Mal war es Michael Douglas. Als Juan Carlos da war, wusste Llorenç lange im Voraus Bescheid, konnte ein paar Blumenkübel am Anlegesteg aufstellen, einen kleinen roten Teppich organisieren, das Haus lüften und schon mal das Licht im schummerigen Schauraum seines Minimuseums anknipsen. Michael Douglas kam ohne Anmeldung mit der Privatjacht von Freunden, und niemand konnte sich auf seinen Besuch vorbereiten. Llorenç hatte nicht mal Gelegenheit, vorher den Wagen auf Hochglanz zu polieren, um Eindruck zu schinden. In der Aufregung hat er sogar vergessen, nach einem Autogramm zu fragen.

Der Mann ist seit vielen Jahren so etwas wie Ranger auf Dragonera, und sein Auto ist das einzige Fahrzeug, das auf der »Dracheninsel« vor der Südwestspitze Mallorcas zugelassen ist. Es ist dunkelblau, hat ein offizielles Wappen an der Fahrertür, eine kleine Ladefläche, drei Räder, ist ungefähr anderthalbmal so breit wie eine Schubkarre, im Schnitt genauso schnell und schraubt sich zweimal am Tag auf Kontrollfahrt den einzigen Fahrweg der Insel entlang. Von einem Leuchtturm zum anderen. Vom Anleger zum Nordostkap und wieder am Anleger vorbei zum Südwestkap. Manchmal fährt Llorenç ersatzweise mit seinem Blaulichtboot Patrouille entlang der Küste. Das macht mehr her und nebenbei auch mehr Spaß.

Die gesamte Insel Dragonera misst in der Länge knapp mehr als vier Kilometer, in der Breite nur maximal neunhundert Meter. Jede Klippe mitgerechnet, bringt es das gesamte Eiland nur auf eine Fläche von knapp drei Quadratkilometer.

Dabei hat die Insel von St. Elm, dem Abfahrtsort der Touristenboote auf Mallorca aus gesehen, die Form eines riesigen Drachens, der sich zum Schlafen ins seichte Meer gelegt hat: mit breitem Maul, furchigem Dinosaurier-Panzerrücken und eingerolltem Schwanz.

Sa Dragonera ist so etwas wie die aus dem Meer ragende Fortsetzung des mallorquinischen Tramuntana-Gebirgsrückens – nur knapp einen Kilometer von ihrer viel größeren Schwesterninsel entfernt, zwanzig Bootsminuten von St. Elm.

Und tatsächlich ist die Dracheninsel bevölkert von Abertausenden Echsen, darunter einer endemischen Art – viele nicht größer als ein Zeigefinger und so wenigen Feinden ausgeliefert, dass sie sich von Llorenç mit Keksen aus der Hand füttern lassen. Gesellschaft leisten ihnen zahllose Möwen, ein paar Fischadler, die Ranger und die Tagesbesucher. Dragonera ist komplett unter Schutz gestellt und seit 1995 als balearischer Naturpark ausgewiesen.

Vor allem im Sommerhalbjahr kommen Urlauber herübergeschippert, um einen Tag lang unter ihren Füßen zu spüren, wie sich Mallorca vor einem Jahrhundert angefühlt haben dürfte: ohne Asphalt, nur von einem geschwungenen, kopfsteingepflasterten Weg und einigen sandigen Pfaden durchzogen, ohne Hotels, ganz ohne Ferienvillen. Auf dem Serpentinenweg wandern sie vom einen Ende der Insel zum anderen und wieder zurück – vorbei an Felsen und genügsamen Pflanzen, denen manchmal ein winziger Spalt im Stein als Ankerplatz für ihre Wurzeln genügt.

Es gibt keine anderen Geräusche als die der Natur, als das Rauschen des Windes in den Gräsern, das Schlagen der Brandung gegen die Felsen, das Krächzen der Möwen am Himmel. Kein Busmotor sprotzt, keine Blechkarawane rumpelt voran, und Diskotheken gibt es auch nicht. Es riecht nach Rosmarin, nach Aleppokiefern, nach Meer, und auf den Lippen liegt ein zarter Film aus Salz. Wüsste man nicht, dass die Küstenlinie gegenüber zu Europas populärstem Ferienziel gehört – man würde es nicht für möglich halten.

Nicht einmal einen Kiosk gibt es. Selbst ihr Trinkwasser müssen sich die Wanderer selber mitbringen. Es gibt kein Café, keine Bar, nur das kleine Museum, ein Toilettenhäuschen, zwei Leuchttürme und so etwas Ähnliches wie eine Garage für das Schrumpfauto von Llorenç.

Dabei ist Dragonera einer Karriere als Riesenferienanlage nur äußerst knapp entgangen. In den siebziger Jahren kaufte ein Bankenkonsortium das gesamte Eiland vom Großgrundbesitzer Juan Flexas, um die Insel in teure Parzellen zu zerlegen und mit Luxusvillen für viertausend Menschen, Hotels, einem Casino und Jachthafen mit sechshundert Liegeplätzen zu erschließen. Die angeblich durch und durch naturverträglichen Pläne waren fertig, das Anschauungsmodell im Maßstab eins zu tausend war gebastelt und verstaubt heute im kleinen Inselmuseum, das Llorenç morgens zu Dienstbeginn aufschließt und abends wieder zusperrt.

Doch Naturschützer liefen Sturm gegen das Projekt, sprachen von »Bausünde« und »Verschandelung« und besetzten Dragonera sogar zeitweise. Sie zettelten ein juristisches Scharmützel an, verhinderten den Baubeginn immer wieder – und gewannen selbst in dieser, zumal in Spanien, nicht gerade von ökologischen Einsichten geprägten Zeit immer mehr Sympathien. Nach langem Rechtsstreit und hohen Kosten gaben die Banken, bis dato vermeintlich der stärkere Part, schließlich auf, ließen das ausgearbeitete Projekt fallen und verkauften die gesamte Insel an die Regionalregierung, die sie in ein Schutzgebiet verwandelte.

Heute ist Dragonera unbesiedelt. Nur die Ranger dürfen dort übernachten.

Vor einem halben Jahrhundert noch lebten zwei Familien auf der Insel – jede in einem der Leuchttürme, und einmal die Woche trafen sie sich auf halbem Weg am Anleger, wenn das Schiff mit Vorräten, Ersatzteilen und Post aus Mallorca kam. Inzwischen sind die Leuchtfeuer automatisiert und werden mit Sonnenenergie betrieben. Erst hat der Wärter von Andratx auf Mallorca sie mitbetreut, inzwischen ist auch er eingespart. Wenn mal etwas repariert werden muss, kommen Techniker der Hafenbehörde aus Palma.

Vor den letzten beiden Familien waren es Schmuggler und Piraten, die auf der Insel Unterschlupf fanden und sich in schwer zugänglichen Höhlen versteckten.

Die Totenkopfflagge weht schon lange nicht mehr, und auch Schmuggel lohnt sich nicht so recht: nichts, wogegen Llorenç und seine Kollegen ankämpfen müssten. Nichts, was sie beschäftigt. Sie beschützten die endemischen Echsen und die Adler, die Gräser und sogar die Möwen – das Gesamtkunstwerk Dragonera.

Die Uhren anhalten

Auf Mallorcas fast unbekannter Schwesterninsel Cabrera

José Reyes Ferré überlegt kurz. Ob er eigentlich eine Lieblingsbar auf dieser Insel habe? Er streicht sich mit der rechten Hand durch die grauen Stoppeln des Dreitagebarts, macht schließlich eine halbe Drehung und zeigt auf die überdachte Veranda mit den vier Tischen und dem Schankraum dahinter. »Diese da«, sagt er. »Die ohne Namen. Die Bar von Cati. Weil das Bier schön kühl ist und die Schinkenbrote und die Oliven lecker sind. Und weil der Blick von dort aus auf diese stille Bucht unbezahlbar ist.«

Er grinst, denn am Ende fiel die Entscheidung leicht: Es ist die einzige Bar von Es Port, die einzige Versorgungsmöglichkeit für Fremde in dem Zweiundvierzig-Einwohner-Ort zweieinhalb Bootsstunden von Palma de Mallorca, sogar die einzige auf der ganzen Insel Cabrera.

Der Fischer Reyes Ferré ist häufig hier, schläft dann mit den Kameraden auf seinem rot getünchten Kutter, startet frühmorgens zur Vierundzwanzig-Stunden-Fangfahrt in den fischreichen Gewässern über zwanzig Meilen vor der Küste und kehrt einen Morgen später mit dem Laderaum voller eisgekühlter Thunfische und *emperadores,* den Schwertfischen, zurück. Fünf, sechs Monate im Jahr ist der Andalusier mit seiner achtköpfigen

Besatzung in den Gewässern der Balearen unterwegs, immer im Gefolge der großen Fischschwärme des westlichen Mittelmeers.

Der Cabrera-Archipel mit seinen alles in allem siebzehn Eilanden und der gleichnamigen Hauptinsel ist ihm inzwischen zur zweiten Heimat geworden: weil es keine Uhren gibt und irgendwer vor einer Ewigkeit die Zeit angehalten hat. Und weil Cati und ihr Vater Joan diese gemütliche Bar mit dem Blick aufs Wasser führen. Und ein bisschen auch, weil hier keiner viel redet, keiner zu viel fragt, es fast keine Autos und gar keine Leuchtreklame gibt, kein Hotel, nur die dreißig Ranger, Naturschützer und Feuerwehrleute der Nationalparkbehörde, dazu die immer fröhliche, dicke Krankenschwester, die drei Polizisten, die Familie um Joan und seine Schafe und Wirtin Cati.

José Reyes Ferré ist gerne hier. »Es ist mein Paradies«, sagt er. Und es macht ihn offenbar ein bisschen verlegen, das zuzugeben. Er schaut auf die Wellen und zupft sein graues T-Shirt zurecht. Es riecht nach Fisch diesen Morgen. Sie haben einen der Kühlräume an Bord leer gemacht und gereinigt, die Ausbeute der Fangfahrt in Kisten verpackt und auf ein anderes Boot verladen.

Besuch kommt nur tagsüber nach Cabrera, wenn irgendwann zwischen zehn und elf am Vormittag das erste Ausflugsschiff aus Mallorca festmacht – und üblicherweise spätestens nachmittags um fünf wieder ablegt. Davor ist es mucksmäuschenstill hier und danach gleich wieder – es sei denn, es läuft gerade ein Fußballspiel auf dem sandigen Platz am Ortsrand: ein Viertel der Inselbevölkerung gegen ein anderes. Die restliche Hälfte schaut zu, feuert an, jubelt.

Ein bisschen näher an die Welt herangerückt ist Cabrera erst, seit das knallgelbe Speedboat mit seinen Plastikschalensitzen und Haltebügeln im Achterbahn-Look von Colonia de Sant Jordi nach Es Port Premiere feierte. Wie eine Rakete schießt es in nur zwölf Minuten herüber, springt in wilder Hatz von Wellenkamm zu Wellenkamm, scheint aufzuprallen und wieder abgestoßen zu werden. Es hat die Lebensgeschwindigkeit Mallorcas drauf – und bleibt ein Fremdkörper wie aus einer anderen Welt auf Cabrera.

Der gesamte Archipel war fast ein Jahrhundert lang militärisches Sperrgebiet: tabu für Besucher, terra incognita für Ausflügler – selbst für mallorquinische. Die Soldaten sind inzwischen abgezogen, und seit einigen Jahren ist die Inselgruppe mit ihren gut dreizehn Quadratkilometern Landfläche und den umgebenden Gewässern Nationalpark – der bislang einzige der Balearen, strenger geschützt und besser bewacht als zu Zeiten des Militärs, dessen lästige Manöver der urwüchsigen Insel über die Jahrzehnte immer wieder Wunden zugefügt hatten. Gleichwohl, zum Ärger keineswegs nur der Umweltschützer, sind noch immer Militärübungen erlaubt – mit der Beschränkung auf maximal dreihundert Mann und dem Verbot von Artilleriefeuer. De facto finden solche Trainingseinheiten jedoch kaum noch statt.

Urbanisierung ist auf Cabrera strikt ausgeschlossen, Anlandung ausschließlich an der kurzen, breiten Mole von Es Port gestattet. Maximal fünfundneunzigtausend Ausflügler pro Jahr sind zugelassen. Besucher dürfen nur bei Tag kommen, nicht über Nacht bleiben – es sei denn, sie befinden sich an Bord eines Schiffes und haben in der weit geschwungenen, geschützten Bucht von Es Port unterhalb der Festung aus dem 14. Jahrhundert Anker geworfen.

Bis zu fünfzig Boote dürfen dort zeitgleich liegen – jedoch jedes Einzelne nur nach Voranmeldung bei der Nationalparkbehörde in Palma, im Hochsommer nur für eine, in den Monaten davor und danach für maximal zwei aufeinanderfolgende Nächte. Von Oktober bis Mai ist die Nachfrage geringer, die See rauer, Cabrera noch stiller. Wer dann kommen will und artig anfragt und ein paar weitere Auflagen erfüllt, darf bis zu einer Woche am Stück bleiben. Im Sommer aber sollte man sich gut einen Monat im Voraus anmelden, denn die Nachfrage nach den Liegelizenzen ist gerade dann groß: nicht unbedingt wegen der Schinkenbrote und der Oliven in der Bar an Land, mehr wegen dieser unerwarteten Abgeschiedenheit.

Ignacio Larrauri kann das gut verstehen. Er ist schon seit zwei Jahrzehnten dabei – immer eine Woche hier auf Cabrera, die nächste zu Hause drüben auf Mallorca. Manchmal darf seine Familie für ein paar Tage zu Besuch kommen, wenn sie in der Unterkunft alle ein wenig enger zusammenrücken. Der Mann ist Ranger, schaut nach den nistenden Fischadlern an der Süd-, den Delfinen in den geschützten Buchten der Nordküste, nach Schildkröten und Echsen, manchmal sogar nach den letzten paar Schafen von Joan.

Auf Patrouillenfahrt schaukelt er mit seinem zerbeulten Landrover über die durchweg unbefestigten Pisten der Insel und kann auf mancher Strecke nur hoffen, dass ihm nicht gerade das kaum weniger zerbeulte Auto der Jungs von der Guardia Civil, der Polizei, entgegenkommt. Nicht dass sie etwas gegeneinander hätten, im Gegenteil. Jeder kennt jeden, und viele sind Freunde. Aber die beiden Autos würden auf den engen Schlagloch-Feldwegen kaum aneinander vorbei passen und einer der beiden müsste einige Serpentinen rückwärts fahren, bis das Problem geklärt wäre. Denn meistens lässt die Landschaft keinen Platz für zwei Fahrzeuge nebeneinander. Und wo endlich ausreichend Fläche wäre, ist Ignacio gegen das Überholen: weil er nicht nur Fischadler, Delfine und Echsen schützen muss, sondern auch die seltenen Pflanzen am Wegesrand. Keine davon will er unter seinen Reifen haben – und niemanden anderen beim Darüberfahren erwischen. Auch nicht die Polizisten.

Solche Probleme gibt es nicht, wenn Ignacio nach Feierabend seinen Lieblingsplatz ansteuert: den *faro* Punta Ensiola. Gut sechs Kilometer Fußweg pro Strecke sind es bis zu diesem Leuchtturm und nirgendwo auf Cabrera ist die Welt weiter weg: »Ich hocke mich dort kurz vorm Sonnenuntergang auf die Felsen und sehe den Möwen dabei zu, wie sie den Wind reiten«, schwärmt er.

Es ist tatsächlich kaum zu glauben, dass der Trubel Mallorcas nur zweieinhalb Kutter-, eineinhalb Ausflugsbootstunden oder zwölf Schnellboot-Fahrtminuten entfernt ist. Undenkbar sogar, dass Catis Bar mit dem Fernseher oben an der Wand nur anderthalb Stunden Fußmarsch weg ist.

»Die Soldaten«, erzählt Ignacio, »haben sich früher einen Spaß mit Neuankömmlingen gemacht, die sich über den Dienst auf der Insel beklagt und ihre Tage dort als zu langweilig empfunden haben. Denen haben sie erzählt, dort drüben am anderen Ende des Eilands gebe es eine tolle Disco. Die Lichtstrahlen der Werbereflektoren könne man schließlich sogar über die Berge hinweg bis Es Port sehen. Und sie sind losmarschiert.« Er lacht. »Und später haben sie andere mit demselben Scherz hereingelegt.«

Was für ein Glück, dass alles so geblieben ist und die bereits genehmigten Pläne des Baukonzerns Marsans aus den fünfziger Jahren, als der Tourismus drüben auf Mallorca zu boomen begann, dann doch nicht umgesetzt wurden. Damals sahen die sogar vom Militär bereits abgenickten Pläne einen Jachthafen mit angeschlossenem Einkaufszentrum, dazu mehrere Hotels mit insgesamt dreitausend Zimmern auf Cabrera vor. Irgendwie kam das Projekt wieder ins Stocken, ehe ernsthaft damit begonnen wurde. Das Militär behielt dann doch lieber die Zügel in der Hand und hielt Besucher für Jahrzehnte umso rigoroser fern – bis Cabrera als Vorposten im Wasser strategisch keine Rolle mehr spielte, die Basis im Unterhalt mehr kostete als nutzte und es opportun war, Standorte zu schließen und Liegenschaften aufzugeben.

Wie unterdessen die Bauersfamilie um Joan und Cati auf die Insel kam und warum sie als einzige selbst zu Zeiten des militärischen Sperrgebiets bleiben durfte, weiß keiner genau – nicht mal Ignacio. »Joan ist seit jeher meistens mürrisch«, sagt er. »Er spricht nicht darüber.« Er sei da. Das müsse genügen. Und außerdem wolle es sich niemand mit ihm durch allzu viele Nachfragen verderben, denn er backt in einem Holzofen das beste Brot, das man sich vorstellen könne. Und er betreibt die Bar. Wahrscheinlich sahen das schon die Militärs so und ließen ihn gewähren: Das alte Steinhaus am Ortsrand jedenfalls gehörte schon immer der Familie, die Schafe waren schon ewig dort. Und die Sache mit der Vertreibung aus dem Garten Eden hat schon in der Bibel zu reichlich Aufregung geführt. Das wollte man hier wohl nicht nochmal haben.

Tochter Cati ist so ähnlich geraten. Ob sie sich dazusetzen und erzählen mag? Vom Leben auf Cabrera, vom Alltag ganz ohne Massentourismus, ohne Läden, Hotels, Leihwagen, ohne Pools und all das, was »drüben« längst zum Leben dazugehört. Sie winkt ab. Reden liege ihr nicht. Das sollen andere machen. Nicht sie, nicht ihr Vater, einfach irgendwer anderer.

Im Laufe der Jahre ist sogar der Nachname auf der Strecke geblieben. Keiner weiß ihn – wahrscheinlich außer der Firma, die einmal im Monat die Mobilfunkrechnung an Joan und Cati schickt. »Hier braucht keiner einen Nachnamen«, findet Ranger Ignacio – und verschwindet mit den Fußballsachen in der Hand zum Umziehen in der Unterkunft.

Heute Abend wollen sie wieder spielen: Ranger und Polizisten im Team gegen Fischer und Freizeitskipper auf dem einstigen Bolzplatz der Militärs. Während der Fußball-WM 2006 in Deutschland sind sie sogar mal in Nationalfarben angetreten: die spanischen Insulaner gegen elf Italiener, die zufällig gleichzeitig mit ihren Booten in der Bucht ankerten. Ignacio spielte Verteidiger und hat seine Sache gut gemacht. Spanien hat vier zu zwei gewonnen. Und Italien wurde Weltmeister – im richtigen Leben. Und gefühlt eine halbe Welt entfernt. Anschließend haben sie sich in der Bar verabredet und gefeiert. Bei Bier, Schinkenbroten, Oliven und Akkordeonmusik. Der liebe Gott hat derweil den Mond gehisst, die Sterne angeknipst. Ein ganz typischer Abend auf Cabrera. Vier Jahre später, während der WM in Südafrika, war es heiß und schwül, dann windig und kühl, dann wieder heiß – nie richtiges Fußballwetter auf Cabrera. Da haben sie sich gleich in die Bar gesetzt, gar nicht selber gespielt, sondern auf den Fernseher an der Wand hoch oben in der Ecke neben dem Bartresen gestarrt. Und Schinkenbrote und Oliven geordert. Und viel kühles Bier.

Seewolf in Salzkruste

Mallorcas Edeljachthafen Puerto Portals

Manchmal müssen Gerhard Schwaigers Kellner ein paar Schritte mehr machen, Tische außerhalb des Restaurants eindecken und auf ihren Tabletts Seewolf in Salzkruste mit Blattspinat und Ravioli mit *Sóller-Gamba* über die Promenade balancieren: weil wieder jemand mit seiner Dreißig-Meter-Jacht am Liegeplatz direkt vorm Sterne-Restaurant Tristan im Luxushafen Puerto Portals festgemacht hat, der bei sich an Bord auftragen lässt. Für Schwaiger, lange Zeit mit zwei Michelin-Sternen der höchstdekorierte Koch der Insel, und sein Team ist das normal – für alle anderen auch. Sie kennen das schon – und manche ringen um den Liegeplatz direkt vor der Edelgaststätte mit dem hohen Promifaktor und dem besonderen Außer-Haus-Service für Jachteigner aus der ersten Reihe. Wegen des Seewolfs, der Gamba-Ravioli, wegen Rebhuhn im Kartoffelmantel und Felsenrotbarbe mit Champagnerfenchel. Und natürlich, weil alle schauen – sogar die im eigentlichen Restaurant.

Macht nichts, dass das achtgängige Gourmet-Tapa-Menü hundertdreißig Euro kostet, die mit Swarovski-Kristallen besetzte Dreiviertelliterflasche Mineralwasser mit über achtzig Euro zu Buche schlägt. Und dass Hafenkapitän Alberto Pons im Sommer rund dreihundertfünfzig Euro pro Nacht für den Liegeplatz eines Dreißig-Meter-

Bootes berechnet – plus Mehrwertsteuer. All das ist egal, Peanuts sozusagen, wenn das Schiff zehn Millionen gekostet hat – und wenn man es endlich geschafft hat, einen der begehrten Liegeplätze in Puerto Portals zu ergattern.

Der edelste von Mallorcas einundvierzig Jachthäfen, ungefähr auf halbem Weg zwischen Palma und Andratx an der Südwestküste gelegen, hat Klang und rangiert auf einer Ebene mit Marbella und Monte Carlo, mit Saint-Tropez und Puerto Cervo. Die sechshundertsiebzig Liegeplätze sind heiß begehrt, werden lange im Voraus gebucht.

Der Hafenkapitän tut trotzdem auch bei kurzfristigen Anfragen, was er kann – »erst recht bei langjährigen Freunden unseres Hafens«, die es ausnahmsweise versäumt haben, sich rechtzeitig anzumelden. »Meistens«, sagt José Eraso, der diesen Posten über zwei Jahrzehnte lang ausgefüllt hat, »bekommen wir eine Vierzig-Meter-Jacht immer noch irgendwo unter. Und gerade im Sommer ist viel Bewegung. Da sind viele unserer Kunden auf dem Wasser, ankern irgendwo zwischen den Inseln oder kreuzen vor der Küste Südfrankreichs. Und Schiffe von dort kommen rüber zu uns. Zu anderen Jahreszeiten kann es ein bisschen schwieriger werden.«

Tatsächlich lebt das Geschäft davon, dass die Ganzjahresmieter im Sommer auf dem Mittelmeer kreuzen, in türkischen oder kroatischen Häfen festmachen und die freien Plätze in Puerto Portals an andere vergeben werden können, die Wind, Wetter und Ferienlaune im Gegenzug in balearische Gewässer geführt hat.

Über vierzehntausend Liegeplätze gibt es auf

Mallorca: »Es sind genug Boote unterwegs für jeden Hafen auf der Insel. Alle kommen sie auf ihre Kosten. Und gleichzeitig findet jeder Eigner den idealen Liegeplatz seiner Bedürfnisse«, befindet Eraso, dessen ehemaliges Büro in einem Turm mit bestem Blick über sein Hoheitsgebiet untergebracht ist – und dessen Papierkorb aus einem umgearbeiteten Mastsegment seines letzten Transatlantik-Segelboots bestand.

Wie sich der breitschultrige Mann mit dem silbernen Schnurrbart den Erfolg gerade dieses Hafens erklärt? »Es ist wahrscheinlich die Lage abseits der Stadt, weit weg von lauten Hauptverkehrsstraßen und trotzdem in relativer Autobahnnähe. Es ist das Ambiente mit guten Restaurants edlen Boutiquen – und die Tatsache, dass wir keine Busse aufs Gelände lassen.«

Der gebürtige Galicier mit den goldenen Knöpfen am Sakko verkörpert Understatement nicht erst seit er in die königliche Familie eingeheiratet hat und mit Juan Carlos segeln geht. Eraso hat seit einem Vierteljahrhundert wesentlich Anteil daran, dass sich gerade dieser Hafen zur edelsten Adresse Mallorcas für Bootsbesitzer entwickelt hat.

Dabei mussten sich die Puerto-Portals-Investoren vor einem Vierteljahrhundert noch Spott gefallen lassen. Zu verwegen, sogar irrational erschien es vielen, ausgerechnet hier in einen Jachthafen zu investieren: zu weit abseits von Palma, wo die Orte klein sind, niemand den Urlaub verbringt, allenfalls ein paar Inselhauptstädter ihre Ferienhäuser haben und das Land billig ist. Das Blatt hat sich seitdem gründlich gewendet.

Dass unterdessen Jachteigner gezielt nach dem

Platz vorm Tristan fragen, kommt heute immer wieder vor. Eraso zuckte dann wortlos mit den Schultern, als wollte er sagen »lasst sie doch alle machen«. Er schaute dann, was er tun konnte. Selber fährt er nie mit dem Boot zum Abendessen, will lieber nicht von Passanten bestaunt werden. Sein eigenes liegt weit abseits. Zehnmal hat er den Atlantik überquert, einmal die Welt auf einem Segelboot umrundet. Den Mann kann so leicht nichts aus der Bahn werfen.

Die Mieter der Liegeplätze sind Kunden, denen ein Hafenkapitän guten Service bieten möchte – ausdrücklich ohne Verbrüderung, ohne Begrüßungsküsschen und anschließenden Champagnerempfang. Wird er zu Bordpartys eingeladen, geht er nicht hin – außer zum spanischen König. Weil es sich dort so gehört. Ansonsten muss die nötige Distanz gewahrt werden: »Ich betrat während meiner Amtszeit möglichst kein fremdes Schiff«, erklärt Eraso und zieht mit einem Ruck das dunkelblaue Sakko zurecht.

Das Tristan aber betritt er durchaus. Ganz normal, als zahlender Gast. Aber wer die Leute an den Nachbartischen sind, wer die auf den Jachten direkt davor am Pier, wer überhaupt die Eigner in »seinem« Revier – das ist dem jeweiligen Hafenkapitän von Puerto Portals offiziell unwichtig. Und inoffiziell lässt es ihn tatsächlich ebenfalls kalt. Für ihn sind alle gleich – ob Hollywood-Star oder Öl-Milliardär aus Arabien, ob nordeuropäischer König oder zu Geld gekommener Internet-Start-up-Gründer aus Osteuropa. Ob jemand eine Fußballmannschaft mit UEFA-League-Klasse besitzt und tagtäglich durch internationale Klatschgazetten geistert oder mit einer Fabrik für Dichtungsringe reich geworden ist, hat keinen Einfluss auf seine Gunst – und auf den Liegeplatz.

Ähnlich bodenständig begegnet Küchenchef Gerhard Schwaiger seiner Klientel. Er hat keine Jacht, geht gerne angeln, fährt in seiner Freizeit auch gern mal in die Berge und liebt es, selber in den beiden Markthallen Palmas einkaufen zu gehen. An neuen Menüs der Jahr für Jahr in weiten Teilen wechselnden Speisekarte experimentiert er zu Hause – und grundsätzlich geht er in seinem Restaurant nicht von Tisch zu Tisch zum Händeschütteln. »Er geht nicht hinaus«, erklärt seine Assistentin, »aber die Gäste sind herzlich eingeladen, ihn in der Küche zu besuchen.« Ob jemand superreich und Schlagzeilenkönig ist oder völlig ohne öffentliche Bekanntheit auskommt, ist im Tristan gleichgültig: »Jeder ist ein Prominenter bei uns. Wir behandeln alle gleich.« Wer mag, kann einen Tristan-Koch mitsamt Kellner-Crew auf seine Jacht bestellen und an Bord das Menü der Wahl zelebrieren und sich den Spaß kräftig etwas kosten lassen. Und wer es anders mag, kann einen fünfstündigen Kochkurs mit Schwaiger auf festem Boden in Räumlichkeiten gleich neben dem Edelrestaurant mitmachen, die gemeinsam gezauberten Köstlichkeiten anschließend verspeisen – und zahlt dafür kaum mehr als für ein Menü im Restaurant.

Dabei ist Puerto Portals längst auch erste Wahl für Schaulustige, für Flaneure, sogar für Leute, die Steuerbord und Backbord nicht unterscheiden können, aber einen halben Urlaubstag lang maritime Atmosphäre aufsaugen und ein paar tolle

Boote fotografieren möchten. Sie hoffen darauf, wenigstens ganz kurz auf irgendeinem Deck Antonio Banderas und Melanie Griffith zu entdecken, Michael Douglas und Catherine Zeta-Jones zu erspähen, Boris Becker oder Claudia Schiffer beim Small Talk zu bestaunen oder auf der Landseite ein paar Fernsehansagerinnen und Musiksternchen auf dem Laufsteg der Eitelkeiten zu entdecken.

Deswegen ist Puerto Portals auch erste Adresse für Paparazzi. »Die wussten meistens mehr als ich«, gibt Eraso zu. »Die konnten sagen, wer an Bord war, wem ein Boot wirklich gehörte, das bei uns bloß auf einen Firmennamen eingetragen war. Sie fotografierten Leute, die ich nicht erkannt hätte.«

Einen übersehen sie trotzdem häufig: den älteren Herrn mit Polohemd und Schirmmütze, der regelmäßig im Flanigan gleich gegenüber vom Tristan im Freien frühstückt, ehe er segeln geht. Erst beim genaueren Hinschauen fällt er auf – und nur deshalb, weil die Männer an den Nachbartischen ein bisschen stämmiger als üblich und mit ihren dunklen Sakkos irgendwie overdressed sind. Und weil sie sehr coole Sonnenbrillen tragen. Und kleine Stöpsel im Ohr. Und weil sie ab und zu in ihre Uhr sprechen oder etwas in den eigenen Sakkokragen flüstern.

Attila Dénes grüßt ihn jeden Morgen auf dem Weg zur Arbeit – und der ältere Herr grüßt zurück. Mal winkt er fröhlich, mal nickt er bloß mit dem Kopf. König Juan Carlos ist Stammgast in Puerto Portals und stets umgeben von Bodyguards. Er gibt sich ganz ungezwungen – und zählt zu den

Frühaufstehern. Wenn die meisten Flaneure kommen, wenn die übernächtigten Paparazzi endlich aus dem Bett steigen, ist er längst wieder auf dem Wasser unterwegs.

Dénes unterdessen macht dann seine Geschäfte. Etwa als er eine maßgefertigte Siebenundzwanzig-Meter-Jacht mit edelstem Fendi-Interieur verkaufte. Im Sommer desselben Jahres saß der deutsche Eigner bereits wieder im Büro von Dénes in Puerto Portals – und hat vor lauter Begeisterung das nächste Sanlorenzo-Schiff bestellt. Wieder alles maßgefertigt, mit edelstem Interieur, ergänzt um eigene Designideen – nur zehn Meter länger als der Vorgänger. Weil irgendwie Platz fehlte. Das gerade mal ein halbes Jahr alte Siebenundzwanzig-Meter-Prachtstück nahm Dénes in Zahlung und verkaufte es gebraucht – Kostenpunkt irgendetwas zwischen sechs und sieben Millionen Euro. Solche Geschäfte sind normal in Puerto Portals. Gleich gegenüber im Verkaufsbüro des traditionsreichen italienischen Jachtenbauers Riva hat Cristina Bianchetti ähnliche Erfahrungen gemacht: »Es gibt tatsächlich Leute, die hereinspaziert kommen und fast im Vorbeigehen ein Boot für eine Million kaufen.« Manche unterschreiben sofort, andere versuchen auf fünfzig Cent genau zu feilschen. Die Letzteren sind die Ausnahme.

Bei Dénes war neulich ein Ire, der sich in eine gebrauchte Jacht unten am Kai verliebt hatte, die für einen siebenstelligen Betrag zum Verkauf stand, sie spontan besichtigte, auf eine Probefahrt jovial verzichtete und, zurück im Verkaufsbüro, gleich Nägel mit Köpfen machen wollte. Die beiden besiegelten die Kaufoption per Handschlag.

Der Ire wollte ganz sicher gehen und unbedingt eine Anzahlung leisten: alles Bargeld, das er bei sich hatte. Er fand ein Zehn-Cent-Stück in der Hosentasche. Das genügte. Den Rest hat er am folgenden Tag überwiesen. Demnächst werden die beiden mal essen gehen – im Frühling, wenn noch nicht so viele Schaulustige da sind. Es soll ins Tristan gehen und Seeteufel in Salzkruste geben.

Die Schirmherren von Palma

Mit Unwetter zu guten Geschäften gelangen

Wo er so plötzlich herkommt? Wo er sich vorher versteckt hat? Und vor allem: Wo er all die vielen zusammengefalteten Miniregenschirme mit einem Mal her hat, die an Schlaufen über seinem rechten Arm baumeln? Urplötzlich poppte der Asiate auf, als hätte es ihn aufs Stichwort exakt zu Beginn des Platzregens vor der Kathedrale von Palma de Mallorca hydraulisch aus dem Boden gehebelt. Fünfzehn Meter weiter stehen noch zwei Afrikaner, ein paar Treppenstufen tiefer, nicht weit vom Parkhaus, mit genau denselben dunklen Karo-Regenschirmen: als hätten sie geahnt, dass es jetzt aus heiterem Himmel losprasseln würde.

Sie sprechen jeden an, der ihnen halbwegs nahe kommt – meistens auf Deutsch, manchmal auf Englisch, zwei Worte in Endlosschleife: »Schirm? Umbrella? Umbrella? Schirm?« Und nach einer Pause: »Fünf Euro, five Euros!«

Sie leben von der Überraschung und vom schlechten Wetter – davon, dass die Leute in T-Shirts und kurzen Hosen im Urlaubshotel losgefahren sind und nicht ahnten, dass es bald darauf in der Inselhauptstadt einen Schauer geben würde. Blitzschnell sind sie von Urlaubern umringt, denen die fünf Euro für den filigranen Billigschirm fair erscheinen, um nicht völlig durchnässt zum

Shopping-Städtebummel oder Museumsbesuch zu starten.

Je schneller es am Horizont wieder heller wird, desto rasanter fällt der Preis der restlichen Regenschützer. Plötzlich soll jeder Schirm nur noch vier Euro kosten. Dreißig Meter weiter Richtung Innenstadt ruft der Verkäufer bereits drei Euro aus, weil ein erster Sonnenstrahl herauskam – und ist offen für ein Gegengebot: »Zwei«, sagt ein nassgeregneter Tourist. »Zwei Euro für jeden, wenn du zwei Schirme nimmst«, antwortet der Asiate. »Zwei fünfzig für einen«, erwiderter der nasse Mann. »Wenn du feilscht, bis der Schauer vorbei ist, nützt uns das Ding auch nichts mehr«, wirft dessen offenbar lebenserfahrene Frau ein. Und so macht der Asiate das Geschäft für drei Euro.

Gleich darauf verlässt er mal kurz seinen Pflasterquadranten, weil ein weißer Kastenwagen vorfährt, ein anderer Asiate noch im Rollen von innen die Laderaumtür aufgeschoben hat und eilends zwanzig Schirme Nachschub rausreicht. Warum er nicht gleich einen ganzen Karton in Reserve beim Kollegen lässt? »Zu viel«, ruft er. »Wenn Leute sehen, dass noch viele Schirme da sind, kaufen sie nicht. Wenn Leute denken, ein anderer könnte den letzten nehmen, geht das Geschäft schneller.« Das klingt schlüssig.

Ob die Schirmherren aus Asien und Afrika traurig sind, wenn die Sonne über Mallorca scheint? Womöglich wochenlang? Wo sie auf den Regen warten? Wie sie es schaffen, plötzlich in perfekter Choreografie und mit Idealabstand zueinander bei den ersten Tropfen an den wichtigsten Touristendrehkreuzen von Palma mit ihren Schirmen bereit zu stehen? So viele Fragen. Und keine Antworten. Nur eine mag der freundliche Mann mit den Karoschirmen für drei Euro beantworten: Wo er denn so plötzlich hergekommen sei? »Aus Laos«, sagt er und hängt sich eilig noch ein paar Schirme über den Arm. Wahrscheinlich stimmt das sogar.

Wo Errol Flynn fechten lehrte

Kinoreif: auf den Spuren der Hollywood-Legenden von einst

Er hat den Mann noch immer genau vor sich, von dem er damals das Fechten gelernt hat. Diese Statur, das markante Kinn, den dünnen Schnurrbart. Und seine Augen leuchten, wenn er von Hollywoods führendem Filmpiraten jener Zeit erzählt, als ob es gestern gewesen wäre: von Errol Flynn, der dem achtjährigen Martin Xamena Mitte der fünfziger Jahre auf der Terrasse des elterlichen Hotel Bonsol in Illetas vor den Toren von Palma de Mallorca gezeigt hat, wie man mit dem Holzschwert wie ein echter Freibeuter kämpft: »Er brachte es meinem Bruder und mir bei, war natürlich unser Idol und wurde ein enger Freund der Familie.« Einer, der bald ein Haus in der Nachbarschaft nur ein paar Straßen weiter kaufte, es für eine kurze Zeit bewohnte, eines der Küchenmädchen des Hotels als Haushälterin abwarb und bald darauf auf sein Segelboot umzog, das im Hafen von Palma lag.

Der Hollywood-Star, der aus Tasmanien stammte, war pressescheu und gab sein einziges Interview auf Mallorca seinerzeit auf jener Hotelterrasse, wo er den Kindern gezeigt hatte, wie man ficht. »Er wollte uns damit helfen«, erinnert sich Martin Xamena, der das Hotel längst von seinen Eltern übernommen und die Leitung seinerseits bereits in die

Hände der Kinder weitergereicht hat: »Flynn wollte selber nicht in die Schlagzeilen – aber er tat es aus Freundschaft, damit wir mit dem kleinen Hotel einen Moment lang hineinkamen, auffielen und von seinem Glanz etwas haben konnten.«

Bereits in den fünfziger und sechziger Jahren zog Mallorca die Hollywood-Stars an – ganz privat ein paar Urlaube lang ebenso wie für Dreharbeiten. Gary Cooper und Rita Hayworth kamen, Anthony Quinn und John Wayne, Audrey Hepburn und Grace Kelly, später auch Lauren Bacall. Es ist eine fast vergessene Facette der Inselgeschichte, doch für sie alle war das Balearen-Eiland ein Fluchtpunkt weit weg von zu Hause, ein sonniges Hideaway fernab der heimischen Klatschreportermeute. Manche hatten einen noch besseren Grund, herzureisen: Sie haben diese Insel geliebt – ihre Landschaft, ihr Licht, ihre Luft, ihren Duft, die Küche, den Menschenschlag. Sie kamen immer wieder – wie Peter Ustinov, der so oft da war und immer dasselbe Zimmer mit Meerblick ganz am Ende des langen Hotelkorridors buchte, dass er viele Mitarbeiter seines Ferienhotels über die Jahre gut kennengelernt hatte und mit Namen ansprach. Die Freude war gegenseitig, wenn er wieder eincheckte, erinnert sich Tomeu Palou vom Hotel Formentor: »Er war sehr beliebt bei uns Mitarbeitern, immer freundlich. Und oft sehr lustig.«

Landläufig gilt die Ansicht, dass erst Michael Douglas Mallorca für den internationalen Film-Jetset entdeckt hat. Dabei ist er nur der Erste, der seine Leidenschaft öffentlich machte, sich sogar in Werbekampagnen für die Insel einspannen ließ und bis heute für Naturschutz und die Ausrufung des Tramuntana-Gebirges entlang der Westküste der Insel zum UNESCO-Welterbe engagiert. Seit den neunziger Jahren hat Douglas ein Haus auf der Insel, das Gut S'Estaca bei Valldemossa. Mit seiner jetzigen Frau, der Hollywood-Schauspielerin Catherine Zeta-Jones, ist er häufig dort – wenn nicht gerade Exfrau Diandra dort weilt, mit der er sich die Nutzung des Hauses teilt. Manchmal bringt er Freunde aus Amerika mit – Goldie Hawn und Jack Nicholson zum Beispiel.

Im Hotel Formentor am nördlichsten Punkt der Insel ist er auch schon gesehen worden – nicht als Übernachtungsgast zwar, aber zum Essen in einem der Restaurants. Jahrzehntelang galt es auf Mallorca als die erste Adresse für die internationale Prominenz – gerade für die von der Leinwand. Der langjährige Besitzer Miguel Buadas liebte das Kino sogar so sehr, dass er im Untergeschoss des lang gestreckten Hotelgebäudes ein eigenes Filmtheater mit hundertsiebenundzwanzig Plätzen einbaute. Manche der Sitzbezüge sind heute ein wenig abgesessen, aber der Saal im Keller hat dennoch den Charme eines Privattheaters aus den Glanzzeiten des Kinos bewahrt.

»Neueste Filmrollen ließ Señor Buadas noch vor der offiziellen Premiere per Taxi aus Palma kommen. Wenn dort am Samstag Premiere war, lief der Film bei uns am Freitagabend«, erinnert sich Toni Cifre, der seit gut dreißig Jahren hier arbeitet und dessen Vater fast ein halbes Jahrhundert im selben Hotel an der Bar beschäftigt war: »Voll besetzt war das Kino fast nie.« Weil die, die mitgespielt hatten, den Film ja schon kannten.

Und mehr noch, weil die Gäste lieber draußen

in der Sonne saßen, am Pool oder unten am Strand: Sie schauten einander lieber beim Leben zu, anstatt eine fiktive Geschichte in einem abgedunkelten Saal zu verfolgen. So waren sie Zeuge, wenn Stammgast Peter Ustinov seine Späße machte – etwa, wenn er mit Schalk im Nacken Hupgeräusche täuschend echt imitierte, sobald er in seinen letzten Jahren mit Gehwagen oder im Rollstuhl um die Ecke bog. Sie sahen zu, wenn Sean Connery durchs Meer kraulte und wieder an Land ging. Und manche waren wenigstens zeitweilig Zeugen von John Waynes Trinkgelagen an der Hotelbar von Toni Cifres Vater Pedro. Der musste mal bis morgens um halb sieben aufbleiben, obwohl normalerweise nachts um eins Feierabend war: weil John Wayne bester Plauderlaune war und einen Whiskey nach dem anderen orderte.

Der Westernheld war auf Urlaub – ein anderer war zum Arbeiten gekommen: Anthony Quinn drehte an der Playa el Mago zwischen Magaluf und Santa Ponça ein paar Einstellungen für »Teuflische Spiele«, im Original »The Magus«, einen Film, der nicht weiter im Gedächtnis blieb. An der Kulisse kann es nicht gelegen haben. Sie hat noch heute ihren Zauber und liegt weit abseits der touristischen Rennstrecken – und doch in der Nachbarschaft von Ferienhochburgen. Eine lang gewundene Pflasterstraße durch einen Pinienwald führt dorthin, und Hinweisschilder gibt es fast keine. An einem sandigen Wendehammer oberhalb der Küste endet sie. Nur ein paar Autos parken dort meist, und unten in der Bucht haben diesen Vormittag drei Jachten Anker geworfen. Eine Beachbar gibt es, dazu Kellner Antonio, der zu jung ist, um sich an Señor Quinn aus Kalifornien zu erinnern. Der schmale Strand gehört inzwischen ausnahmsweise überwiegend Nudisten, die hier ziemlich unter sich sind, das türkisfarbene Meer den Jachten und ein paar Seekajaks.

Es ist dort meistens so still wie während des Drehs vor über vier Jahrzehnten. Das Szenario scheint außerhalb der Zeiten zu existieren – und das auf einer Insel, die ihr Gesicht rasant gewandelt hat, seit mit Flynn, Gardner, Hayworth und Gefolge zahlreiche Hollywood-Helden hier auftauchten.

Aus dem kleinen Bonsol, damals vierzehn Zimmer stark und in einer Villa untergebracht, ist mittlerweile eine verschachtelte Burg mit zweihunderteinunddreißig Betten und Privatstrand geworden. Immer wieder kaufte die Familie Xamena angrenzende Grundstücke bis hinunter zum Strand hinzu und erweiterte das Haus, dessen Salons aus einem Freibeuter- oder Ritterfilm stammen könnten: mit Natursteinverblendungen im Festungslook, mit Ritterrüstungen, Schwertern, alten Ölgemälden, schweren großen Sofas. Flynn hätte seine Freude daran.

Dem Hollywood-Star folgten viele weitere Prominente. Martin Xamena lächelt – und wahrt Diskretion: »Manche Gesichter kamen mir bekannt vor. Aber wir haben nie nachgefragt, wo sie mitgespielt haben, wie berühmt sie sind. Sie waren im Urlaub hier, wollten ihre Ruhe. Und diesen Wunsch haben wir immer erfüllt.«

Im Formentor erzählt Toni Cifre von Sandra Bullock, die sich irgendwann bei einem Kellner erkundigt habe, warum sie denn keiner erkenne und nicht mal einer nach einem Autogramm frage. »Manche Stars«, sagt er, »erkennen wir wirklich nicht. Entweder sind ihre Filme in Spanien keine großen Erfolge – oder sie sehen im Kino ganz anders aus als in der Freizeit auf der Hotelterrasse. Diejenigen, die wir erkennen, wollen wir nicht stören. Da gehört es sich nicht, dass wir nach einem Autogramm fragen.«

Für die Mitarbeiter waren die Berühmtheiten aus Film und Politik jahrzehntelang absoluter Alltag – und sind es noch heute. Sie wechseln ganz genauso wie die Gäste in anderen Häusern nach ein paar Tagen oder Wochen. Die einen reisen ab, andere kommen an. Und zwischenzeitlich sollen sie sich ganz genau wie anderswo möglichst wohl fühlen. Das Team im Formentor wirkt dabei seltsam geerdet. Der langjährige Besitzer Miguel Buadas hat es gemeinsam mit seiner Frau Beatriz geschafft, eine familiäre Atmosphäre herzustellen, die auf Hollywood-Stars ebenso wirkt wie auf die Leute aus Pollença, Alcudia und den umliegenden Ortschaften, die hier Arbeit gefunden haben. Manche, die sich hier in der Küche oder im Service kennenlernten, haben später geheiratet. Und bei einigen sind es die erwachsenen Kinder, die inzwischen im selben Hotel arbeiten. Viele sind eine halbe Ewigkeit dabei, die Fluktuation ist niedrig: »An meinem ersten Arbeitstag hier«, erinnert sich Tomeu Palou, »bin ich dem Dalai Lama in die Arme gelaufen.« Danach kann nicht mehr viel kommen. Fast alles, fast jeder wird mit seiner noch so überraschenden Anwesenheit an diesem Weltende im Nordwesten Mallorcas plötzlich selbstverständlich.

Und es sind nicht nur die Leute aus Hollywood, die hier ihren Rückzugswinkel gefunden haben. Selbst Schimon Peres und Jassir Arafat haben sich hier zu vertraulichen Gesprächen getroffen. Michail Gorbatschow blieb gleich einen ganzen Monat. Dichter Carlos Fuentes war hier, und Literaturnobelpreisträger Mario Vargas Llosa nahm erst kürzlich eine mehrwöchige Auszeit vom Alltag in diesem Hotel – um in aller Ruhe schreiben zu können.

Der Besitzer hat inzwischen gewechselt, Barkeeper Pedro Cifre ist in Ruhestand gegangen. Aber den Kinosaal gibt es noch immer, dazu all die Geschichten und Erinnerungen. Und eine Peter-Ustinov-Suite ist neu hinzugekommen. Dafür waren keine Umbauten nötig. Nur eine Plakette musste man neben der Tür des einstigen Lieblingszimmers dieses Hollywood-Granden schrauben – und drinnen möglichst alles so lassen, wie er es geschätzt hat. Mit Stehlampe, Sitzecke und Karotagesdecke. Und mit diesem Blick über Pool und Pinien aufs Mittelmeer. Nur ein gerahmtes Schwarz-Weiß-Foto mit Passepartout ist neu, eine Ehrerweisung an den Namenspatron quasi: Es hängt neben der Stehlampe an der cremefarbenen Wand und zeigt das Porträt Ustinovs während der Arbeiten zur Agatha-Christie-Verfilmung »Das Böse unter der Sonne«, im Original »Evil Under the Sun«. Gedreht wurde in der Nähe von Valldemossa nur eine halbe Autostunde vom Hotel entfernt.

Fast nebenan, in Deià, lebt inzwischen David Templeton, bei dem es für eine Schauspielkarriere nicht gereicht hat. Er lacht inzwischen darüber – und fachsimpelt lieber mit Fastkollegen wie James-Bond-Darsteller Pierce Brosnan über moderne Malerei, wenn er sie gleich gegenüber seines Wohn- und Atelierhauses in der Bar des Luxushotels La Residencia in Deià trifft. Viele der aktuellen Stars bevorzugen wie Tom Hanks heute dieses Luxuslandhaus im *Finca*-Stil als Bleibe – und manche kaufen gegenüber bei Templeton ein Bild: »Meine Schauspielkarriere beschränkt sich auf einen Auftritt als Komparse an der Seite von Peter Ustinov und James Mason in ›Evil Under the Sun‹ vor über dreißig Jahren. Ich musste mir den Kopf kahl rasieren, sollte vor der Kamera einen Soldaten spielen, mit einem Streichholz eine Kanone zünden und ein paar Worte brummeln, sobald Regisseur Guy Hamilton ›Action!‹ rief.« Er lacht wieder: »Viermal brach die Kulissenkanone zusammen, beim fünften Mal klappte es. Später haben sie die halbe Szene weggeschnitten, und im Kino ist nur meine Hand mit dem Streichholz zu sehen.« Gedreht wurde gleich um die Ecke zwischen Deià und Valldemossa. Und was James Mason über Mallorca gesagt hat? Dass er wiederkommen wolle. Ganz privat, wie damals John Wayne. Und ob Templeton verpassten Chancen bei der Schauspielerei hinterhertrauere? »Gar nicht«, sagt er. Er malt lieber, fertigt Collagen, bekommt zwischen dreieinhalb- und zehntausend Euro dafür, hat auch so einen Fuß in der Filmwelt. Und am besten: Er kommt nicht auf Besuch nach Deià, nicht für einen Dreh oder ein paar Urlaubstage. Er lebt dort. Und er sieht die Schauspieler an sich vorbeireisen. Heute wie damals.

Ihre Zunft ist derweil so vielschichtig strukturiert wie die gesamte Gesellschaft, was die Ferienvorlieben angeht. Es gibt auch welche, die Hotels meiden, Ferienhäuser mieten oder privat bei Freunden absteigen und deshalb kaum gesehen werden, gar nicht in den Klatschspalten auftauchen – und doch häufig nach Mallorca reisen. John Malkovich ist so ein Beispiel. Er schlägt sein Quartier bevorzugt im Haus des mallorquinischen Regisseurs Antoni Aloy auf.

Lebte unterdessen Ava Gardner noch, sie würde das Hotel Maricel am Stadtrand von Palma nicht wiederkennen. Es hat sich seit ihrem letzten Besuch gründlich verändert, war sogar für anderthalb Jahrzehnte geschlossen und stand so lange ungenutzt leer. Heute ist daraus ein durchgestyltes Schloss am Meer mit neunundzwanzig Zimmern im Haupthaus geworden, bei dem nur die Außenmauern aufeinander geblieben sind. Inzwischen kommen neue Stars – zuletzt Adam Sandler und Chris Rock. Sie wissen nicht, dass Flynn hier mal gewohnt hat, als es das Bonsol noch nicht gab. Sie ahnen nicht, dass sich ehemalige Hotelmitarbeiter noch an Mrs. Gardners Anrufe vom Rezeptionstresen aus in seinem Zimmer erinnern – und dass er ihrem Wunsch, doch herunterzukommen, nicht nachgab, stattdessen einfach im Bett blieb und fortan das Telefon gar nicht mehr abnahm. Er hatte zuvor die Direktive ausgegeben, nicht gestört werden zu wollen – egal, wer nach ihm verlangte. Flynn bewies, das Hollywood-Piraten standfest zu ihren Entscheidungen stehen – so schön es auch gewesen wäre, sich wieder anzuziehen und gemeinsam einen Drink auf der säulengetragenen Veranda zu nehmen. Was man hier heute drehen könnte? Auf dieser Terrasse und auf Mallorca? Direktorin Mar Soler weiß es genau: »Alles, was mit einer guten Zeit zu tun hat.«

Vom Aufsteigen und vom Eintauchen

Vom Mann, der die Sonne in Mallorcas äußerstem Osten als Erster aufgehen sieht – und von dem, der sie im Westen als Letzter untergehen sieht

Sie kennen einander nicht: nie gesehen, kein einziges Mal über den Weg gelaufen. Sie wohnen zu weit auseinander, führen Leben voller Gegensätze. Der eine ist durchtrainiert, ein Schrank mit schulterlangen blonden Haaren, ein Sunnyboy von Mitte vierzig. Der andere ist grauhaarig, hager, ein bisschen vergeistigt, trägt einen grauen Pullover über dem Karohemd, dazu eine dünne Strickjacke – Typ Philosophielehrer. Anfang sechzig ist er. Zwischen den beiden liegt alles, was auf Mallorca an einem Tag geschehen kann: von Ferienflirt bis Feierabendbier, von Urlaubsliebe bis Ehekrach, von träumen bis fluchen. Von Ankunft bis Abreise.

Denn der eine ist der Mann, der die Sonne jeden Morgen als Erster im äußersten Inselosten vor Cala Ratjada aus dem Meer aufsteigen sieht. Die anderen Fischer spotten manchmal ein bisschen über ihn, weil er diese Uhrzeit liebt und immer als Erster noch knapp bei Dunkelheit ablegt. Er hat seine Gründe: »Weil der Sonnenaufgang totaler Friede ist und in großer Stille geschieht. Es ist in großartiges Gefühl, ihn hier jeden Tag aufs Neue zu erleben«, sagt Joan Fuster und fährt sich ein wenig verlegen durch den blonden Viertagebart.

Der andere war bis vor kurzem der Leuchtturmwärter von Puerto Andratx im äußersten Inselwesten – zuständig für die teils unbemannten Türme an den Küsten des Tramuntana-Gebirges, für Leuchtbojen vor der Steilküste, für Lichtsignale auf den Klippen. Er war der Mann, der die Sonne auf Mallorca als Letzter untergehen sah. Jetzt sind all diese Feuer automatisiert, ein Leuchtturmwärter wird hier nicht mehr gebraucht. Aber Bernat Reus hat noch die Schlüssel – und schaut ab und zu ganz privat an den alten Arbeitsstätten vorbei. Im richtigen Moment natürlich. Weil der Sonnenuntergang so schön ist und er sich davon nicht trennen kann. Vor allem nahe von Sa Mola, am westlichsten Leuchtfeuer der Insel.

Zwischen diesen beiden Männern liegt alles, was Mallorca ausmacht – geografisch der zersiedelte Osten, die beiden Großstädte Manacor und Palma, die Oliven- und Mandelhaine der Gegend von Felanitx und Llucmajor, Berge und Jachthäfen, Ferienhotels und Bauernhäuser, viele Villen und ein paar einfache Schäferkaten. Zeitlich liegt ein Urlaubstag mit allen seinen Möglichkeiten zwischen Joan und Bernat: mit Sonnenbaden in Es Trenc, Saufen in El Arenal, Schaulaufen in Puerto Portals, mit Wandern oder Radfahren, mit kulinarischen Genüssen oder gepflegtem Nichtstun. Oder hundertelei anderen Ausprägungen. Ganz nach Geschmack, nach Wunsch, nach Fügung.

Die beiden bekommen so oder so wenig davon mit, interessieren sich nicht mal dafür. Ihnen sind die Urlauber willkommen, aber deren Alltag überschneidet sich nicht mit ihrem. Sie begegnen einander allenfalls von Weitem. Die Fremden essen den einen oder anderen Fisch, den Fuster gefangen hat. Ihre Kreuzfahrtschiffe navigieren mit Hilfe der Türme, die Bernat Reus gewartet hat. Aber das Denken und Handeln der beiden bestimmen die Mallorquiner auf Zeit nicht, weil sie in ihrem Berufsalltag keine Rolle spielen.

Ein bisschen sind die Leben der beiden Männer auch Beweis dafür, dass diese Insel nicht nur den Tourismus kennt. Mallorca ist größer als diejenigen ahnen, die noch nie dort waren – und bietet aller Bauwut, allem Fremdenverkehrsboom zum Trotz noch immer Freiraum für den ganz normalen Inselalltag. Und für so viele Einzelschicksale wie es Einwohner gibt. Es mag Siedlungen vom Reißbrett geben – aber keine Leben, die in Schablonen passen.

Reus zum Beispiel verschlug es nur durch Zufall in diesen Job, den loszulassen ihm so schwer fällt. In seinem eigentlichen Beruf wurde seinerzeit Ende der sechziger Jahre in Spanien kaum noch einer eingestellt, und viele Studenten mussten umschulen, kaum dass sie ihr Diplom in den Händen hielten. Bernat Reus hatte Geschichte studiert, drüben auf dem Festland in Katalonien, wollte Lehrer werden wie seine Frau. Stattdessen wurden beide in Lehrgängen zu Leuchtturmwärtern ausgebildet und sind seit 1968 verbeamtet.

»Ach«, fasst Reus den Beruf zusammen, der für ihn mal nur zweite Wahl gewesen war und dann doch zur Lebensaufgabe wurde: »Der Reiz liegt darin, dass der Leuchtturmwärter-Job eigentlich viel weniger eine Arbeit und viel mehr eine Lebensweise ist. Alle müssen an einem Strang ziehen, es gibt viel Freizeit und keinen festen Zeitplan. Gearbeitet werden muss zu jeder Tages- und Nachtzeit immer sofort – aber nur dann, wenn etwas kaputt gegangen ist. Du musst immer zur Stelle, kannst nie weg sein, weil immer etwas passieren kann. Und du lebst meistens abseits. Außerhalb. Entlegen. Hier auf der Insel weniger extrem als auf dem Festland, wo wir anfangs gearbeitet hatten. Es gibt wenig Geld dafür, aber viel Wohlgefühl und schließt die ganze Familie ein. Alles in allem ist es so: Du musst zwar immer greifbar sein, hast aber wenig zu tun.« Er hat all das schätzen gelernt. »Jeder Moment«, sagt er heute, »ist unfassbar schön, wenn man aufs Meer hinausschauen kann – und der Sonne beim Versinken zusieht.«

Ob er dann manchmal daran gedacht hat, dass weit in seinem Rücken bereits die Lichter der Kneipen an der Bucht von Palma angegangen sind, die Musik aus den Boxen bis auf die Straße dudelt und die Ersten drinnen zu tanzen beginnen? Hat er nicht. Nicht hier, nicht in diesem Beruf, nicht bei dieser Aussicht. Genauso wenig wie an das, was geradeaus in Blickrichtung hinter dem Meer irgendwann kommt und doch für ihn unsichtbar ist. »Du lernst die Fähigkeit lieben, nichts zu tun und dabei kein schlechtes Gewissen zu haben«, philosophiert er und zupft die Strickjacke zurecht. »Du lernst als Leuchtturmwärter, von allem in einer ungeahnten Weise loszulassen. Das können sich viele gar nicht vorstellen.«

Und dann gibt er zu, dass er das Berufsleben seiner Zunft seit der Pensionierung nur in Rosarot ausmalt. Und dass es auch ganz andere Facetten gehabt hat, wenn etwa bei Sturm das Licht ausfiel und er ganz nach oben auf den Turm oder zu einer Leuchtboje hinausfahren musste und alles so schnell es ging hinimprovisieren und wieder zum Laufen bringen musste, damit kein Schiff auf die Klippen fehlgeleitet würde, nur weil eine Glühbirne im ungünstigsten Moment ihren Geist aufgegeben hat.

Als seine Frau und er in den Ruhestand traten, mussten sie das Leuchtturmwärterhaus in Puerto Andratx räumen. Heute ist dort ein Labor untergebracht. Aber die beiden hatten Glück. Sie konnten ins zufällig gerade freie Nachbarhaus einziehen – und den Blick, von dem sie nicht mehr lassen mochten, so ins Rentnerleben hinüberretten. Den auf das Meer. Und auf die untergehende Sonne, die den großen Bogen über die Insel schlug, nachdem Joan Fuster sie morgens vor Capdepera aus dem dunklen Wasser des Mittelmeers hat aufsteigen sehen.

»Hispaniola dos Mil« heißt sein Fischerboot mit der Kennung 3a-PM-1-4-00 am Rumpf, mit dem er jeden Morgen – je nach Jahreszeit – zwischen vier und sechs Uhr früh hinausfährt, um gegen zwei oder drei am Nachmittag nach getaner Arbeit und mit ein paar Hundert Kilo Fischen wieder im Hafen von Cala Ratjada festzumachen.

»Am liebsten«, sagt er, »bin ich im Sommer und Herbst dort draußen unterwegs. Dann ist es warm, und wir drei Mann an Bord haben nur Badehosen und T-Shirts an, spritzen uns mit Schläuchen zur Erfrischung gegenseitig nass – und die Sonne schaut dabei zu.«

Schon sein Vater war Fischer, sein Großvater war Fischer – und seine Schwägerin fischt auch. Sie ist in Cala Ratjada die einzige Frau in diesem Beruf. Das gibt Hoffnung, dass er eines Tages sein Boot an eine seiner beiden Töchter wird weitergeben können: »Die ältere ist siebzehn und macht sich nichts aus Fischen. Die jüngere, Marina, ist dreizehn und findet's toll, frühmorgens aufs Meer hinauszufahren.« Immerhin.

Ob er mal darüber nachgedacht hat, dass er jeden Morgen der erste Mallorquiner ist, der die Sonne aufgehen sieht? Er schweigt einen Moment, legt sich dann fest: »Nie«, sagt er. »Aber es ist ein schöner Gedanke.« Für ihn sei es normal. Gewohnheit. Alltag. Seit er sechzehn ist: »Da denkt man darüber nicht nach. Da schaut man eher, wo man diesen Morgen am besten *llampugas*, die Goldmakrelen, fängt.« Er lehnt sich gegen das Bootsführerhaus und verschränkt die Arme.

Bernat Reus? Den Mann, der die Sonne als Letzter untergehen sieht? Er wiederholt den Namen dreimal, als ob er in Gedanken alle Bernats durchginge, von denen er weiß. Dann ist er sich sicher: Den kennt er nicht. Aber gehört hat er von ihm. Der Leuchtturmwärter von Punta de Capdepera, einem der letzten noch bemannten Feuer auf der Insel, hat ihm von Reus erzählt. Und er würde ihn inzwischen sehr gerne mal selber kennenlernen. »Wir könnten uns darüber unterhalten, was die Sonne in der Zwischenzeit macht und was sie wohl alles auf Mallorca gesehen haben wird, ehe sie bei ihm drüben im Westen verschwindet.« Würde er tauschen und künftig lieber den Untergang beobachten wollen? Er antwortet wie aus der Pistole geschossen: »Gar nicht. Der Aufgang ist das bessere Gefühl. Denn dann steht noch alles bevor.«